法律专家为民说法系列丛书

# 法律专家
## 教您如何打买卖合同官司

曹泽伟 编著

吉林文史出版社

**图书在版编目(CIP)数据**

法律专家教您如何打买卖合同官司 / 曹泽伟编著
. — 长春：吉林文史出版社，2015.3
（法律专家为民说法系列丛书 / 张宏伟，吴晓明主编）

ISBN 978-7-5472-2731-2

Ⅰ. ①法… Ⅱ. ①曹… Ⅲ. ①买卖合同－合同纠纷－
案例－中国 Ⅳ. ①D923.65

中国版本图书馆 CIP 数据核字(2015)第 043917 号

## 法律专家教您如何打买卖合同官司

| | | |
|---|---|---|
| 编　　著 | 曹泽伟 | |
| 责任编辑 | 李相梅 | |
| 责任校对 | 宋茜茜 | |
| 丛书主编 | 张宏伟　吴晓明 | |
| 封面设计 | 清　风 | |
| 美术编辑 | 李丽薇 | |
| 出版发行 | 吉林文史出版社（长春市人民大街4646号） | |
| | 全国新华书店经销 | |
| 印　　刷 | 三河市祥宏印务有限公司 | |
| 开　　本 | 720mm×1000mm　1/16 | |
| 印　　张 | 12 | |
| 字　　数 | 100 千字 | |
| 标准书号 | ISBN 978-7-5472-2731-2 | |
| 版　　次 | 2015 年 7 月第 1 版 | |
| 印　　次 | 2018 年 6 月第 3 次 | |
| 定　　价 | 35.00 元 | |

如发现印装质量问题，影响阅读，请与印刷厂联系调换。

# 法律专家为民说法系列丛书

## 编委会

**主　编**

张宏伟　　吴晓明

**副主编**

马宏霞　　孙志彤

**编　委**

| | | | |
|---|---|---|---|
| 迟　哲 | 赵　溪 | 刘　放 | 郝　义 |
| 迟海英 | 万　菲 | 秦小佳 | 王　伟 |
| 于秀生 | 李丽薇 | 张　萌 | 胡金明 |
| 金　昊 | 宋英梅 | 张海洋 | 韩　丹 |
| 刘思研 | 邢海霞 | 徐　欣 | 侯婧文 |
| 胡　楠 | 李春兰 | 李俊焘 | 刘　岩 |
| 刘　洋 | 高金凤 | 蒋琳琳 | 边德明 |

PREFACE

【前言】

　　买卖合同是商业活动中最常见的合同之一,有"合同之王"之称。企业在生产经营过程中需要采购原料、机器设备等,生产出产品后要卖出去,这个过程中就会产生买卖合同。对于贸易公司来说,买卖合同更是占据其对外签订的所有合同的绝大多数。在日常生活中,买卖合同与普通百姓也息息相关,无论是平常的衣食住行,还是做点小买卖,都会跟买卖合同发生关系,比如去家电商场购买一台电视机,去农贸市场置办年货等。并且买卖合同的形式多样,既有长达数十页的合同书,也有只约定买卖双方、标的、价格的简单合同,更有甚者可以只是口头约定。但无论是对企业还是个人,如果能掌握买卖合同中的一些基本关键点,那必然会对保障自己的合法权益有一定的帮助。

　　也正是因为买卖合同非常之普遍,因此法律对其的规定也细致入微。从《中华人民共和国民法通则》到《中华人民共和国合同法》，再到《最高人民法院关于适用〈中华人民共和国合同法〉若干问题的解释（一）》、《最高人民法院关于适用〈中华人民共和国合同法〉若干问题的解释（二）》、《最高人民法院关于审理买卖合同纠纷案件适用法律问题的解释》、《最高人民法院关于审理商品房买卖合同纠纷案件适用法律若干问题的解释》，对于实践中遇到的形形色色的问题，通过提炼和升华，法律及司法解释都作了明确规定，以便更好地适用于实践生活。但这也给普通公民掌握相关知识点造成了一定的障碍，法律规定纷繁复杂，普通公民很难通过直接查看法条来解决问题，因此，需要通过阅读一些普及类、带有丰富案例的书籍来帮助掌握相关知识点。

　　本书就是从这个目的出发，将理论知识、法律规定结合生动简明的案例，基本按照《中华人民共和国合同法》的体例来编写，力图从合同的订立及生效、合同的履行、合同的违约责任、合同签订过程中应注意的事项等几个角度，告诉读者如何处理买卖合同纠纷，并通过吸取案例中的经验教训，最终达到避免纠纷的目的。

# 目 录

## CONTENTS

## 第二篇 买卖合同的履行

## 第三篇 买卖合同的违约责任

第一篇

# 买卖合同的订立和生效

##  1.什么是买卖合同

　　买卖合同是合同的一种，是指出卖人转移标的物的所有权于买受人，买受人支付价款的合同。简单地说就是买方交钱，卖方交货的合同，买方交钱的目的是为了获得卖方货物的所有权，卖方转移货物所有权的前提是获得相应的对价。

　　按照买卖方式不同，买卖可以分为一般买卖和特殊买卖。其中，特殊买卖又可以分为凭样品买卖、拍卖、试用买卖、招标买卖等。另外，买卖还有一种特殊的形式——易货贸易，即以货换货，一般的买卖都是以钱换货，但基于都是转移货物所有权的特征，并且双方都互负义务，因此易货贸易也属于买卖合同的规范范围。

　　买卖合同是合同中最典型的类型，它有以下几个特征：

　　买卖合同是转移货物所有权的合同，以转移货物所有权为目的。买卖合同中的买方支付价款的目的是为了获得卖方货物的所有权，卖方不但要将货物交付给买方，还需转移所有权，也就是说转移后该货物就是买方的了，买方可以占有、使用、处分该货物，并取得该货物产生的收益。

　　买卖合同是双务合同，所谓的双务合同就是合同双方都享有相应的权利，并都要履行相应的义务。在买卖合同关系中，卖方的主要义务就是交付货物并转移货物的所有权，除此之外也应履行相应的附随义务，比如交付有关单证和资料义务、瑕疵担保义务、合理包装义务等。买方的主要义务就是按时足额付清货款、按时受领标的物、及时检验等。

买卖合同是有偿合同，买卖合同区别于赠与的最大区别就是买方获得卖方的货物需要支付相应的价款，这就是买卖合同的有偿性。

买卖合同是诺成合同，即买卖合同的成立不需要以交付标的物为前提，只要买卖双方对合同的标的、数量、质量、履行期限等主要内容达成了一致意见，合同就成立了，如果没有合同无效的情形，双方就要受到该合同的约束，按照合同约定履行自己的义务。这有别于实践合同，实践合同的成立需要以交付标的物为前提，法律对那些属于实践合同作出了明确的规定，就目前来说主要是借用、保管、定金、民间借贷四种。

买卖合同是非要式合同，除了法律有明确规定或买卖双方之间有明确约定，一般情况下，买卖合同的签订形式由双方自行决定，既可以以书面形式，也可以以口头形式，还可以根据行业惯例、买卖双方之间的交易习惯和交易方式以具体的行为来达成买卖合同，并且也无需履行特定的审批或备案手续。

1999 年 10 月 1 日开始实施的《中华人民共和国合同法》（后文简称"合同法"）在第九章专门对买卖合同作了具体规定。经过多年的司法实践，最高人民法院审判委员会于 2012 年 3 月 31 日通过了《最高人民法院关于审理买卖合同纠纷案件适用法律问题的解释》（后文简称"买卖合同司法解释"），该司法解释对实践中出现的一些具体情况作了说明和规定，有利于更好地适用《合同法》的有关规定。另外，因买卖合同所约定的是转移标的物所有权的行为，因此也要适用《中华人民共和国物权法》（后文简称"物权法"）的有关规定，而在出现纠纷的时候，在确定管辖法院是应该提起仲裁还是起诉、起诉的期间、裁决／判决的执行等问题上，应适用《中华人民共和国民事诉讼法》（后文简称"民事诉讼法"）和《中华人民共和国仲裁法》（后文简称"仲裁法"）的有关规定。

## 2.买卖合同的成立和生效

和其他合同的成立一样，买卖合同的成立也是通过要约——承诺的方式来实现的。要约是指希望和他人订立合同的意思表示,要约应当具体确定,并且一旦被受要约人承诺,合同即成立,双方就要受到该意思表示的约束。承诺是受要约人同意要约的意思表示。在这里应明确要约和要约邀请的区别,要约邀请是指希望他人向自己发出要约的意思表示,《合同法》明确规定了寄送的价目表、拍卖公告、招标公告、招股说明书、商业广告等为要约邀请,但商业广告的内容符合要约规定的,视为要约。

要约、承诺应当具体明确,但并不是说要约一定要具备所有合同条款,根据《合同法司法解释二》第1条的规定:"当事人对合同是否成立存在争议,人民法院能够确定当事人名称或者姓名、标的和数量的,一般应当认定合同成立。但法律另有规定或者当事人另有约定的除外。对合同欠缺的前款规定以外的其他内容,当事人达不成协议的,人民法院依照《合同法》第61条、第62条、第125条等有关规定予以确定。"由此观之,只要买卖双方就标的和数量达成了一致意见,就可以认定合同成立了,至于其他要素,可以通过后续的协商或者根据法律的规定进行补正。

合同成立后,如果没有无效的情形,自合同成立时生效。

**案例:**

甲公司拟采购一批电脑,经调查之后,发现乙、丙两家公司的销售的电脑性价比比较高,同时也符合甲公司的要求,因此甲公司分别向乙公司和丙公司发送了如下内容的传真:我司拟采购 L 牌笔记本电脑 50台,型号为 abc,价格参照市场价执行,贵公司如有存货,请及时来电联系。乙公司接到传真后,认为甲公司的传真为订货行为,于是以传真方式回复甲公司:贵司订货通知已收到,我司将于 3 日内送货上门。2 天后,乙公司将 50 台 L 牌 abc 型号的笔记本电脑送到甲公司。丙公司收到传真后,认为这是订货意向,于是以传真形式回复甲公司:贵司传真以收到,我司将于 3 日内派业务经理上门详谈。2 天后,丙公司的业务经理来到甲公司。经商谈,甲公司认为丙公司的条件更优惠,于是决定向丙公司采购,此时乙公司提出,甲乙公司之间已经经过要约——承诺,双方之间已经成立了合同关系,如果甲公司不履行付款义务,乙公司将起诉要求赔偿损失。

乙公司如果真提起诉讼,能得到法院的支持吗?

**专家解析:**

本案例的关键点在于,甲公司的传真是属于要约还是要约邀请。如果甲公司的传真属于要约,则一经乙公司承诺,则合同即告成立,双方就要受合同的束缚,而如果属于要约邀请,则甲公司只是希望乙公司或丙公司向自己发出要约,如果条件合适,一经甲公司承诺,合同才告成立。就本案例而言,甲公司的传真应该属于要约邀请,虽然传真的内容包含了合同双方、标的物名称、价格等信息,但甲公司表达的只是一个采购意向,希望对方收到传真后能具体商谈,并没有即刻与其中一方成立合同的意思,因此乙公司若起诉,因甲乙公司之间并不存在合同关系,乙公司的损失(比如路费)不能要求甲公司来承担。

在商业社会中,商机稍纵即逝,谁能快速反应,谁就能抓住商机,从而赢得胜利。但如果使用的方法不对,也很容易遭受损失。本案例中的乙公司,能快速地作出反应,甚至直接将货物送到了甲公司,在同等条件下,甲公司很可能就向乙公司采购了。但本案例中因丙公司的条件更优惠,甲公司选择和丙公司合作,乙公司因此遭受了一定的损失。这给我们的启示就是,要快速反应,更应该以有利于保护自己的方式反应,或许乙公司可以快速地派业务代表带着样机上门商谈,在签订合同之后再将 50 台电脑全部送到,这样就可以收到合同的保护了。如果在未经甲公司承诺的情况下送货上门,那么乙公司应尽量减少损失,将甲公司不向自己采购该 50 台电脑的损失作为优惠让利给甲公司,以获得甲公司的合作,这样也是相对有利的。

要约一经受要约人承诺,合同即告成立,这样对要约人来说,有时候就很被动,如果受要约人迟迟不承诺,或者要约人一发出要约情况就发生了变动,需要取消要约,这种情况下,法律对要约人提供了怎样的救济呢?

法律通过要约的撤回、撤销和规定承诺的期限来帮助要约人。要约在到达受要约人时生效,要约人可以撤回要约,但撤回的通知应当在要约到达受要约人之前或者与要约同时到达受要约人。在要约到达受要约人之后,要约人也可以撤销要约,但撤销要约的通知应当在受要约人发出承诺通知之前到达受要约人。承诺一旦到达要约人,合同即告成立,要约人就必须履行合同了。为了平衡要约人和承诺人的权利义务关系,维持平稳的交易秩序,法律规定了以下 2 种情况下,要约人不得撤销要约:

要约人确定了承诺期限或者以其他形式明示要约不可撤销;

受要约人有理由认为要约是不可撤销的,并已经为履行合同作了准备工作。

要约到达受要约人后,受要约人应在要约规定的期限内作出承诺,如果要约没有规定承诺期限,则应在合理期限内作出,否则为新要约。

如果受要约人对要约作出了实质性变更,则也属于新要约。根据《合同法》第30条的规定,实质性变更主要包括对有关合同标的、数量、质量、价款或者报酬、履行期限、履行地点和方式、违约责任和解决争议方法等的变更。除此之外的变更为非实质性的变更,除要约人及时表示反对或者要约表明承诺不得对要约的内容作出任何变更以外,该承诺有效,合同的内容以承诺的内容为准。

**案例:**

甲公司拟向乙公司订购一批钢材,并于2013年3月17日以传真形式向乙公司发送了订货单一份,内容包含了货物名称、规格型号、数量、质量标准、价格条款、交货地、交货期等,并明确表示了"本传真为订货需求单,若贵公司同意以上条款,请及时答复我司"。3月18日,因市场行情变化,甲公司决定将采购量从5000吨提高到8000吨,于是重新发了一份传真给乙公司,传真中明确表示"昨日所发传真作废,若贵司同意销售我司需求货物,请以本传真数量为准。"3月19日,乙公司传真回复甲公司称:"同意贵司的其他条款,若贵司同意将价格从3300元提高至3500元,请在5日内传真回复我司,我司将在贵司要求的时间内交货至贵司指定地点。"甲公司收到传真后,于3月20日向丙公司租赁仓库用于堆放向乙公司采购的8000吨钢材。3月21日,甲公司收到乙公司的传真:"因贵司未传真确认是否同意价格调整,我司已将货物卖予丁公司,望贵司另行安排采购。"甲公司认为乙公司这样做不公平,因此回复乙公司称:"同意贵司的价格调整,请及时发货。"但因乙公司已将货物卖给了丁公司,一时间已经无法满足甲公司的要求了。甲公司遂起诉,要求乙公司承担违约责任。

甲乙公司之间的买卖合同是否已经成立,乙公司是否应该承担违约责任?

## 专家解析：

本案例中,甲公司和乙公司之间经过反复磋商,在这一过程中因为对数量、价格作出了变更,因此存在反要约的情形,另外还存在甲公司的履约准备和乙公司的撤销要约行为。让我们来具体分析一下:

3月17日甲公司向乙公司发出要约,采购5000吨钢材,内容具体确定,并且表达了一经乙公司承诺,自己即受合同成立的约束的意思,因此是一个有效的要约。3月18日,甲公司在收到乙公司的承诺前,取消了自己之前的要约,这属于要约的撤销,撤销后之前的要约即告失效。而同时,甲公司又作出了一个关于采购8000吨钢材的要约,同样,这个要约也是合法有效的。3月19日,乙公司在要约规定的承诺期限内对甲公司采购8000吨钢材的要约作出了回复,但在该回复中,乙公司对价格作出了变更,根据《合同法》的规定,这属于实质性变更,为新的要约,而非对甲公司要约的承诺。乙公司的新要约规定了承诺期限——收到传真后5日,甲公司在收到乙公司的新要约后,租赁了丙公司的仓库,但乙公司却在3月20日撤销了自己的要约,甲公司在乙公司撤销要约作出了同意价格调整的承诺。

通过上面的梳理,可以看出本案例的焦点在于乙公司撤销新要约的行为是否有效,如果该撤销行为有效,那么甲公司作出的承诺就不会产生合同成立的效果。相反,如果乙公司撤销新要约的行为无效,那么在甲公司作出承诺之后,双方合同即告成立,如果没有无效的情形,合同成立即生效,双方应按合同的约定履行义务,如果一方违约,应承担违约责任。

根据《合同法》第19条的规定:"要约人确定了承诺期限或者以其他形式明示要约不可撤销"的,要约不得撤销,乙公司在要约中明确甲公司只要在收到传真后5日内回复都有效,因此乙公司不得撤销自己的要约,甲公司对该要约作出承诺后,合同成立。因此,甲公司可以要求乙公司履行交付 8000 吨钢材的义务,或者要求其承担赔偿责任。

##  3.买卖合同的订立形式

买卖双方订立合同,可以采用书面形式、口头形式和其他形式。根据《合同法》第 11 条的规定,书面形式是指合同书、信件和数据电文(包括电报、电传、传真、电子数据交换和电子邮件)等可以有形地表现所载内容的形式。

买卖双方采用不同的订立形式,对合同的成立会产生不同的影响。一般情况下,承诺到达要约人,承诺生效,合同即告成立,如果不存在无效的情形,合同即告生效。而在采用合同书形式订立合同的情况下,合同在双方当事人签字或盖章时合同成立;在采用信件、数据电文等形式订立合同的情况下,买卖双方可以在合同成立之前要求签订确认书,此时签订确认书后,合同才告成立。但如果一方已经履行了主要义务,并且对方也接受了的情况下,为了尊重当事人的意愿,维护交易的稳定性,即使应当采用书面形式而未采用或者合同书未经双方签字或盖章,法律也会承认合同成立。《合同法》第 36 条和第 37 条对此作出了规定:

《合同法》第 36 条:法律、行政法规规定或者当事人约定采用书面形式订立合同,当事人未采用书面形式但一方已经履行主要义务,对方接受的,该合同成立。

《合同法》第 37 条:采用合同书形式订立合同,在签字或者盖章之前,当事人一方已经履行主要义务,对方接受的,该合同成立。

另外,在实际生活中,尤其是在农村地区,因受文化教育程度的限

制,很多人不会写字,他们在以合同书形式订立买卖合同时,往往采用摁手印的方式,对此,《合同法司法解释二》赋予了其相当于签字／盖章的法律效力。《合同法司法解释二》第5条:"当事人采用合同书形式订立合同的,应当签字或者盖章。当事人在合同书上摁手印的,人民法院应当认定其具有与签字或者盖章同等的法律效力。"

**案例:**

王某经营餐馆生意,招牌菜为麻辣香鸡,每天卖出100只。经朋友介绍,王某认识了经营养鸡场的赵某,赵某声称自己的鸡都是在放养在山上的,肉质鲜美,营养丰富。王某在询问价格后,当即向赵某订下300只鸡,并约定第二天就签订书面的买卖合同。第二天,赵某来到王某的餐馆,同时将300只鸡也运了过来,王某在查看并试吃了赵某的鸡后,觉得赵某所说不误,鸡的质量的确很好,于是让工作人员将鸡收下。王某提出,过两天还订购一批,到月底一起结算,赵某同意。第2天,当地爆发禽流感,王某的餐馆生意惨淡,王某通知赵某,这300只鸡暂时不采购了,要求赵某将其运回去。赵某一听非常生气,认为双方已经成立了买卖关系,并且自己已经履行了交货义务,王某应该支付货款。双方争执不下,于是向当地人民法院提起了诉讼。法院会支持谁的主张?

**专家解析:**

本案例中,王某与赵某就买卖300只鸡的事宜达成了一致意见,本来按照要约——承诺的程序,双方成立买卖合同关系,因双方约定签订书面的买卖合同,这种情况下,双方在书面买卖合同上签字后,合同才告成立。但在实际过程中,虽然双方并为签订书面的买卖合同,但赵某将300只鸡送到了王某的餐馆,履行了其主要义务,并且王某也接受了,因此王某和赵某之间的买卖合同成立,并且不存在无效的情形,双方应各自履行相应的义务,即王某无权要求赵某收回300只鸡,同时应该按照约定在月底支付价款。

除了书面形式，买卖双方还可以以口头形式和其他形式订立合同。口头形式在日常生活的买卖中非常普遍，比如到便利店买饮料，在菜场买菜。其他形式是指书面和口头形式之外的形式，比如行为，在超市购物就是一个很典型的以行为成立买卖合同的例子，超市在货价上陈列商品并标明价格，向顾客发出要约邀请，顾客取下货物拿到收银台结账就是一个要约，超市工作人员的结账行为就是一个承诺，同时也是一个履行合同的行为。《合同法司法解释二》第2条规定："当事人未以书面形式或者口头形式订立合同，但从双方从事的民事行为能够推定双方有订立合同意愿的，人民法院可以认定是以《合同法》第十条第一款中的"其他形式"订立的合同。但法律另有规定的除外。"可以看出，如果双方当事人并未以书面或口头形式来表达订立合同的意思的，只要从他们的行为中能推断出有订立合同的意愿的，就可以认定为以"其他形式"订立合同。根据《合同法司法解释二》第3条的规定，悬赏人以公开方式声明对完成一定行为的人支付报酬，完成特定行为的人请求悬赏人支付报酬的，人民法院依法予以支持。这一规定明确了悬赏广告的效力，发布悬赏广告的人以公开声明的方式提出要约，虽然受要约人不确定，但一旦有人根据悬赏广告的内容完成了特定行为，那么就视为以行为方式作出承诺，发布悬赏广告的人应根据悬赏广告的内容支付报酬。

当然，在三种订立方式中，口头形式和其他形式相对比较方便简单，但书面合同显然也有其明显的优势，就是明确、确定，且在发生纠纷的情况，有利于提交证据。因此，在成立比较重要的买卖合同时，应尽量采取书面形式，对买卖双方的权利义务进行明确详尽的约定，如果工商机关或其他国家机关有相关范本的，最好采用范本来签订。

在没有书面合同的情况下，如果买卖双方就合同是否成立发生纠纷，在起诉至法院后，当事人也可以以送货单、收货单、结算单、发票等来主张买卖合同的存在,法院会结合当事人之间的交易方式、交易习惯以及其他证据进行判断。如果有对账确认函、债权确认书等函件、凭证,即使上面没有记载债权人名称,法院也会支持存在买卖合同关系,除非有其他足够的证据推翻这一结论。因此,在实践中,尤其是在跟老客户进行交易时,如果不签订书面的合同,那也要保存好相关单证、发票、往来函件,以免在发生纠纷时可以有足够的证据来支持自己的观点和主张。

## 4.违反预约合同是否应承担违约责任

实践中存在很多的订约安排,最常见的就是企业或个人之间的常年协议,约定本年度采购多少量的货物,这样的协议是否具有法律约束力,如果一方没有履行订立合约的义务,另一方是否有权要求赔偿损失?

**案例**:

甲公司与乙公司订立常年协议,约定甲公司于 2012 年 5 月 1 日至 2013 年 4 月 30 日期间,每月与乙公司签订分批购销合同,每月定量采购 3000 吨 A 货物,价格随行就市。后来,因甲公司业务调整,不再经营 A 货物,因此,从 2012 年 11 月开始,甲公司停止与乙公司签订分批购销合同。乙公司提出,因双方之间签订了为期一年的长期协议,并且乙公司根据甲公司的需求制定了一年的生产计划,甲公司中途终止履行长期协议的行为,对乙公司造成了损失,乙公司要求甲公司要么继续履行长期协议,要么赔偿相应损失。双方协商不成,起诉至人民法院。

甲公司是否应承担赔偿责任？

家解析：

本案例中，甲乙公司之间只是存在一个预约合同，2012 年 11 月之后的买卖合同并未具体成立，在这种情况下，甲公司只是与乙公司达成了一个采购意向，其并不负有购买 A 货物的义务，但根据长期协议的约定，甲公司负有每月订立合同的义务。根据《买卖合同司法解释》第 2 条的规定，"当事人签订认购书、订购书、预订书、意向书、备忘录等预约合同，约定在将来一定期限内订立买卖合同，一方不履行订立买卖合同的义务，对方请求其承担预约合同违约责任或者要求解除预约合同并主张损害赔偿的，人民法院应予支持。"因此，甲公司因不继续履行订约义务，所以应承担乙公司的损害赔偿责任。

一般情况下，签订长协能让买方获得一个比较优惠的价格或其他优惠，但因该协议时间跨度比较大，无论是市场行情还是买方自己的经营情况都可能发生较大的变化，导致无法履行长协的情况出现，这个时候，长协不但没给买方带来优势，反而成了负担。因此，在签订长协的时候，应综合考虑市场、自身经营目标和实际情况来设定订约的数量。而对于卖方来说，长协意味着稳定的销量，但也应注意市场的走势和自身的生产经营能力，以及买方违约的风险等。

## 5.买卖合同中的缔约过失责任

缔约过失是指在合同订立过程中，一方当事人因违背其依据诚实信用原则所应负有的义务，而使另一方当事人信赖的利益遭受损失，而应当承担民事责任的情况。《合同法》第 42 条对其作了规定：当事人在

订立合同过程中有下列情形之一,给对方造成损失的,应当

承担损害赔偿责任:

(一)假借订立合同,恶意进行磋商;

(二)故意隐瞒与订立合同有关的重要事实或者提供虚假情况;

(三)有其他违背诚实信用原则的行为。

**案例:**

某电力局因新建电力调度营业用房需购买电梯两台,通过邀请招标的采购方式,邀请甲公司等六家单位参加投标。接到投标邀请书后,甲公司于2012年11月25日提交了投标文件,并交纳投标保证金1万元。2012年12月10日,经开标、评标后,确定甲公司为中标单位,中标价为120万元。2012年12月16日,甲公司向电力局交纳履约保证金10万元。次日,电力局向甲公司发出《中标单位通知书》,约定于2012年12月24日前签订采购合同。此后,电力局一直未与中标供应商甲公司签订采购合同。2013年1月16日电力局以邀请招标不符合法律规定,招投标程序不到位,缺少评标标准且评委会为8人,不符合《政府采购法》的有关规定为由,通知当事人该中标无效。甲公司经与采购人协商无果,遂于2013年3月6日向法院提起民事诉讼,要求电力局赔偿可得利润损失18万元。

电力局并未与甲公司签订采购合同的情形下,甲公司是否有权要求电力局对自己的可得利益承担赔偿责任?

**专家解析:**

法院经审理认为,电力局电力调度营业大楼电梯工程项目,按有关规定依法进行招投标,并于2012年2月17日向原告甲公司发出中标通知书,该中标通知书对招标人和中标人具有法律效力。嗣后,电力局又拒绝在招标文件规定的时间内与原告签订采购合同,其行为违背诚

实信用原则,应当依法承担法律责任,适当赔偿原告甲公司的可得利益损失。遂判决:被告电力局赔偿原告甲公司经损失人民币11万元,并承担诉讼费用。

本案例中,法院就是以违背诚实信用原则,判决被告电力局承担缔约过失责任的,虽然电力局和甲公司之间没有形成买卖合同关系,但基于中标的事实,甲公司已经对与电力局签订采购合同形成了信赖,电力局应该按照诚实信用原则签订采购合同,否则就应当对甲公司的损失承担赔偿责任。

应该注意的是,并不是所有未签订的情况,都会产生缔约过失责任,缔约过失责任有其特定的构成要件,包括以下四点:

(1)缔约一方当事人有违反法定附随义务或先合同义务的行为。在缔约阶段,当事人为缔结契约而接触协商之际,已由原来的普通关系进入到一种特殊的关系(即信赖关系),双方均应依诚实信用原则互负一定的义务,一般称之为附随义务,即互相协助、互相照顾、互相告知、互相诚实等义务。若当事人违背了其所负有的附随义务,并破坏了缔约关系,就构成了缔约过失,才有可能承担责任。

(2)该违反法定附随义务或先合同义务的行为给对方造成了信赖利益的损失。如果没有损失,就不会存在赔偿问题,而所谓信赖利益损失,指相对人因信赖合同会有效成立却由于合同最终不成立或无效而受到的利益损失,这种信赖利益必须是基于合理的信赖而产生的利益,即在缔约阶段因为一方的行为已使另一方足以相信合同能成立或生效。若从客观的事实中不能对合同的成立或生效产生信赖,即使已经支付了大量费用,这是因为缔约人自身判断失误造成的,不能视为信赖利益的损失。

(3)违反法定附随义务或先合同义务一方缔约人在主观上必须存在过错。这里的过错既包括故意也包括过失。无论是故意还是过失,只要在缔约阶段违反了附随义务,并对合同最终不能成立或被确认无效或被撤销负有过错,就应当承担缔约过失责任。并且,责任的大小与过错的形式没有任何关系,这是因为缔约过失责任以造成他人信赖利益损失为承担责任的条件,其落脚点在于行为的最终结果,而非行为的本身。

(4)缔约人一方当事人违反法定附随义务或先合同义务的行为与对方所受到的损失之间必须存在因果关系。即相对方的信赖利益损失是由行为人的缔约过失行为造成的,而不是其他行为造成的。如果这二者之间不存在因果关系,则不能让其承担缔约过失责任,这是该责任制度的内在要求。

以上是四个要件缺一不可,否则就不能产生缔约过失责任。同时四要件间又是彼此联系的有机整体,缔约过失责任的认定必须严格按照这四个构成要件来进行。

 **6.附条件与附期限的区别**

根据《合同法》第45条的规定:"当事人对合同的效力可以约定附条件。附生效条件的合同,自条件成就时生效。附解除条件的合同,自条件成就时失效。"而第46条则对附期限作了规定:"当事人对合同的效力可以约定附期限。附生效期限的合同,自期限届至时生效。附终止期限的合同,自期限届满时失效。"

那么,附条件和附期限的区别在哪呢?

**案例:**

张大妈安排其女儿与王某相亲后,两人相处不错,张大妈觉得女儿有着落了,便筹划着提前准备嫁妆。在经过多家比较之后,张大妈觉得李老板生产的家具性价比最高,在谈妥了价格后,张大妈便订购了一套组合柜和桌椅,但张大妈提出,自己现在只是订购,等明年3月女儿一结婚,合同就生效,自己就来付钱提货,李老板欣然同意。第二年3月,张大妈的女儿与王某因性格不合而分手,张大妈自然也没有到李老板那付钱提货。但李老板认为自己和张大妈之间存在一个附生效期限的合同,并且自己专门为张大妈留了一套组合柜和桌椅,张大妈应该按照约定在3月份将家具买走。而张大妈却坚持双方之间的合同为附生效条件的合同,条件就是自己女儿结婚,现在条件没有成就,合同当然不生效,自己就没有义务来履行购买义务。双方争执不下,起诉到法院。

张大妈和李老板之间的约定究竟是属于附生效条件合同还是附生效期限的合同?

**专家解析:**

附条件,是指合同当事人约定以将来可能发生的事实作为合同生效或解除的条件,约定的事实一旦发生,即条件成就。在附生效条件的合同中,条件一成就,合同即告生效;如果约定的事实没有发生,那么条件就不成就,合同就不生效。可以看出,附条件的合同其效力存在很大的不确定性,取决于双方约定的事实是否发生。但如果合同一方人为地干预事实的发生与否,那么法律不会承认该事实,《合同法》第45条第2款规定:"当事人为自己的利益不正当地阻止条件成就的,视为条件已成就;不正当地促成条件成就的,视为条件不成就。"

附期限,是指合同当事人约定一个将来的期限,在该期限到来时合同生效或解除。在附生效期限的合同中,约定的期限一到,合同即告生效;约定的期限到来之前,合同处于成立但未生效状态。

附条件和附期限最大的区别在于条件可能成就,也可能不成就,而期限必然会到来。因此附生效期限的合同,如果没有其他无效情形,是必然会生效的，只是时间早晚而已。而附生效条件的合同，则可能生效，也可能不生效。本案例中，张大妈和李老板约定的是以"明年3月自己女儿结婚"这一事实作为合同生效的前提，虽然这其中既有必然到来的期限，也有可能成就的条件，但综合来看，张大妈的意思是：如果明年3月我女儿结婚，合同即告生效。并且从张大妈订立合同的目的来看也是为了给女儿准备嫁妆，因此张大妈和李老板之间的合同为附生效条件的合同，现在条件未成就，合同就不生效，因此张大妈不必履行购买义务，也无需对李老板的损失承担赔偿责任。

在附条件的情况下，很多时候卖方对条件是否成就并不知晓，比如买方会提出："等卖完全部产品并收回全部销售款后支付卖方剩余货款。"但究竟买方是否已经向其客户收回所有销售款，卖方难以知晓，此时，卖方如果想要买方支持尾款，那么就可以起诉至法院，起诉至法院后买方就有义务来证明自己并未收回全部销售款，卖方也就相应地知道了买方还有多少销售款未收回。如果买方是故意或者怠于收回销售款的，那卖方就可以根据《合同法》第45条第2款的规定，主张买方不正当阻止条件成就，请求法院判决付款条件成就，要求买方付款。

##  7.限制民事行为能力人订立的合同是否有效

根据《民法通则》第12条的规定，10周岁以上的未成年人（即10周岁以上，但未满18周岁）是限制民事行为能力人，可以进行与他的年龄、智力相适应的民事活动；其他民事活动由他的法定代理人代理，或者征得他的法定代理人的同意。

《民法通则》第13条规定，不能完全辨认自己行为的精神病人是限制民事行为能力人，可以进行与他的精神健康状况相适应的民事活动；其他民事活动由他的法定代理人代理，或者征得他的法定代理人的同意。

**案例：**

小雷今年14周岁，经常在小区旁边一家游戏厅打游戏。游戏厅老板郑某见小雷每次来都消费100元以上，觉得小雷一定是个富家子弟。有一天，郑某跟小雷说，自己最近要进一批新机器，非常好玩，如果小雷愿意，自己可以多进一台卖给他，那样他就可以自己在家也能玩了，而且自己给小雷的一定是进货价，送货上门5000元。小雷听了郑某的话，觉得非常有道理，正好自己存了3000多元零花钱，郑某还同意剩余部分可以以后分期付，如果小雷玩腻了，郑某表示还可以回购或者调换。于是小雷同意了，郑某为了保险起见，拿出一份合同书，对此次买卖进行了书面约定，双方在合同书上签字，第二天小雷交给郑某3000元预付款。5天后，郑某将游戏机送到小雷家，小雷父亲知道后，当即表示反对，要求郑某退回3000元预付款并将游戏机运回去。郑某拿出小雷签字的合同，表示双方已经签订了书面合同，应当按合同履行。无奈之下，小雷父亲将郑某告到法院，请求法院认定合同不生效，要求郑某返回3000元预付款。

未满18周岁的小雷签订的合同是否有效，郑某和小雷父亲分别可以行使怎样的权利？

**专家解析：**

根据《合同法》第47条的规定，限制民事行为能力人订立的合同，经法定代理人追认后，该合同有效，但纯获利益的合同或者与其年龄、智力、精神健康状况相适应而订立的合同，不必经法定代理人追认。相对人可以催告法定代理人在一个月内予以追认。法定代理人未作表示的，视为拒绝追认。合同被追认之前，善意相对人有撤销的权利。撤销应当以通知的方式作出。也就是说，未满18周岁的小雷只能订立纯获利益的合同，比如接受他人的赠与（压岁钱等），以及与其年龄、智力相适应的合同，比如买零食、文具一般的生活用品等。除此之外的合同，需要经法定代理人——即其监护人追认。从法律上来说，限制民事行为能力人所订立的合同为效力待定合同，所谓效力待定合同，是指合同某些方面不符合生效的要件，但并不属于无效合同或者可撤销合同，通过当事人采取必要的补救办法，可以发生法律效力。

本案例中，小雷购买的是价值5000元的游戏机，已经超出了其年龄、智力所能承担的范围，因此，该合同只有在得到其监护人——父母的追认后才能生效。如果小雷的父母迟迟不追认，作为相对人的郑某可以催告小雷父母在一个月内追认，如果一个月内小雷父母没有任何表示，则法律就认为小雷父母是不同意该笔交易的，合同不生效。如果郑某不知道小雷是未成年人，其还可以行使撤销权，自己就可以撤销合同。

本案例中，小雷的父亲明确表示不追认该合同，因此小雷与郑某之间的合同不生效，郑某应返还3000元预付款给小雷，并将游戏机运走。

本案例提醒我们在签订合同时，应注意对方的主体身份，根据《民法通则》和《合同法》的有关规定，有资格订立合同的主体主要有以下几种类型：

（1）自然人。年满18周岁并具有相应的民事行为能力。

（2）法人。主要有公司（母公司、子公司）、法人企业。

（3）非法人的经济组织。主要指合伙企业、个人合伙、个体工商户、联合经济组织实体、依法成立并领取《营业执照》的分支机构（即分公司）。

除了要注意签约主体是否有资格订立合同，我们还应注意合同责

任的承担,不同的主体签订的合同效力不同,承担法律责任的主体也不同:

（1）依法取得营业执照的分支机构（即分公司）所订的合同合法有效,其法律后果由总公司承担。

（2）未取得营业执照的分支机构所订的合同效力待定,其法律后果由总公司承担。

（3）公司、企业的职能部门以"部门名义"对外订立合同效力待定,其法律后果由法人承担。

（4）公司、企业等超过其经营范围所订立的合同一般有效,但其违反国家限制经营、特许经营以及法律、行政法规禁止经营规定的合同无效,公司、企业仍应按其过错承担赔偿责任。

## 8.无权代理、表见代理和职务行为、越权代表行为的区别

根据《民法通则》第 63 条的规定,公民、法人可以通过代理人实施民事法律行为。代理人在代理权限内,以被代理人的名义实施民事法律行为。被代理人对代理人的代理行为,承担民事责任。如果行为人没有代理权、超越代理权或者代理权终止后仍以被代理人名义订立合同,那么就属于无权代理。在无权代理的情况下,如果合同相对人有理由相信行为人有代理权的,那么该代理行为还是有效的,这就是表见代理。

《民法通则》第 43 条规定,企业法人对它的法定代表人和其他工作人员的经营活动,承担民事责任。企业法定代表人或职工的行为就是职务行为,员工的职务行为产生的后果由企业承担。企业的法定代表人、负责人超越权限订立合同,就属于越权代表行为。

**案例：**

王某是甲公司的业务代表，2012年6月，甲公司委派王某与乙公司签订一份《购销合同》，同年8月，王某因工作失误被甲公司开除，王某不服，为了报复甲公司，王某带着盖有甲公司合同章的空白合同到处签约，其中就包括9月份与乙公司签订的一份标的额为3万的采购合同。乙公司签订合同后积极备货，并于合同约定的期限要求甲公司付款。甲公司声称王某已经离职，不能代表本公司签订合同，乙公司应找王某要求其履行合同或承担损害赔偿责任。乙公司对此不予认可，认为合同上的主体是甲公司，且盖有甲公司的合同章，合同义务理应由甲公司来履行。双方争执不下，诉诸法院。

甲公司是否应履行王某所签订合同的义务？

**专家解析：**

本案例中，王某有2个行为，一个是6月份作为甲公司员工的职务行为，该行为的结果由甲公司承担无疑。王某的另一个行为，即离开甲公司后，在9月份以甲公司名义与乙公司签订采购合同，此时王某已经不是甲公司的职员，其行为不属于职务行为。同时，甲公司也没有授权其与乙公司签订该采购合同，因此王某的行为属于无权代理，根据《合同法》第48条的规定"行为人没有代理权、超越代理权或者代理权终止后以被代理人名义订立的合同，未经被代理人追认，对被代理人不发生效力，由行为人承担责任。"可以看出，无权代理的情况下，如果被代理人不追认代理行为，那么该代理行为的后果就由代理人承担，与被代理人无关。但本案例中，王某提供的是盖有甲公司合同章的合同来与乙公司签约的，且王某在6月份的时候以甲公司业务代表身份与乙公司签订过一次合同，如果没有甲公司的通知，此时的乙公司是很难知道王某已经被甲公司开除的事实的，本案例中的乙公司是在认为王某依然是代表甲公司来与自己签约的,如果按照无权代理的规定来处理,显然对乙公司是不利的,因此法律规定了"表见代理"制度,《合同法》第49条规定"行为人没有代理权、超越代理权或者代理权终止后以被代理人名义订立合同,相对人有理由相信行为人有代理权的,该代理行为有效。"本案例中王某的行为就属于表见代理,根据合同上甲公司的合同章和之前王某曾代表甲公司签约的事实,乙公司有理由相信王某是有代理权的,因此本案例中的代理结果应由甲公司承担,甲公司应履行采购义务。

通过上面的案例可以看出,职务行为的后果由公司承担,无权代理的后果由代理人承担,而表见代理的后果由被代理人承担。因此,在签订合同的时候,一定要审查对方工作人员是否有权代表或代理签约主体来签订合同,如果是授权的,是否有授权书,授权的事项和期限以及授权范围都是需要审查的内容。对于自己公司内部而言,一定严格印章管理,尽量不要在空白合同上盖章,对于授权个人从事一定行为的,因在授权书上明确载明授权事项、范围、期限等,防止被表见代理。另外,企业的法人代表或负责人在很多时候会超越内部权限去订立一些合同,这种越权代表行为一般情况下对外是有效的,后果由企业承担,但如果对方当事人知道或应当知道该法人代表或负责人的行为是超越权限的,则该代表行为无效,企业不受该代表行为签订的合同的约束。

 ## 9.无权处分合同的效力如何

买卖合同转移的是财产的所有权,转移的前提是出卖人对该财产享有所有权,而在有些情况下,虽然出卖人占有了该财产,但并不享有处分该财产的权利,在这种情况下,如果出卖人和买受人签订买卖合

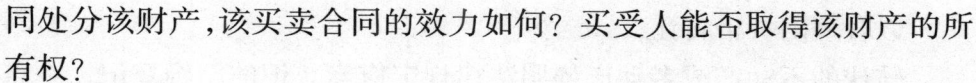

同处分该财产,该买卖合同的效力如何? 买受人能否取得该财产的所有权?

**案例:**

甲某有捷安特自行车一辆,价值 2000 元,国庆期间,甲某骑着该自行车出行至乙某所在地 A 县。乙某是甲某大学同学,两人关系很好,在乙某的介绍下,两人决定徒步穿越 A 县的一片山区,于是甲某将自己的自行车寄存在乙某家。甲某和乙某出发后,丙某来到乙某家做客,一眼就看上了那辆捷安特自行车,刚好乙某的弟弟经过,并询问能否将该辆自行车卖给自己,乙某的弟弟平时游手好闲,正缺钱花,便欺骗丙某说这辆自行车是乙某买来送给自己的, 如果丙某喜欢的话, 可以卖给丙某,两人商量了几句后,同意以 1800 元的价格成交,丙某当即付给乙某弟弟 1800 元并骑走了自行车。甲某回来后非常生气,要求乙某弟弟将自行车要回来,但丙某好不容易买到了这么好一辆自行车,自然不肯归还。如果各方协商不成,起诉到法院,法院会支持谁?

**专家解析:**

本案例中,乙某弟弟的行为是典型的无权处分行为,虽然其合法占有了甲某的自行车,但并不享有处分的权利,其和丙某以口头形式订立的合同,效力是待定的。如果甲某同意乙某弟弟的卖车行为,对此进行追认,那么该卖车合同就有效。相反,则不生效,乙某弟弟应退还 1800 元给丙某,而丙某则应该归还自行车给甲某。但在买受人善意的情况下, 即买受人不知道出卖人没有处分财产的权利, 而与出卖人签订合同,在符合一定条件的情况下,法律通过"善意取得"制度来保护善意第三人,维护交易的平稳性。《物权法》第 106 条规定了"善意取得"制度,在符合以下 3 个条件的情况下,即使受让的是无权处分的财产,受让人也可以获得该财产的所有权:

受让人受让该不动产或者动产时是善意的;

以合理的价格转让;

转让的不动产或者动产依照法律规定应当登记的已经登记,不需要登记的已经交付给受让人。

本案例中,丙某就是一个善意第三人,他并不知道该自行车是甲某的,并且他支付了合理的价格,也骑走了自行车,因此根据"善意取得"制度,他可以获得自行车的所有权。至于甲某遭受的损失,可以要求乙某的弟弟赔偿。

从上述案例中可以看出,法律对于无权处分的行为提供了 2 种救济途径,一个就是权利人的追认,《合同法》第 51 条规定,无处分权的人处分他人财产,经权利人追认或者无处分权的人订立合同后取得处分权的,该合同有效。另一个就是"善意取得"制度。在签订买卖合同中,为了避免出卖人无权处分的风险,在订立合同时,应要求对方提供权利证明,尤其是以低于市场价格受让的时候,更应该确保出卖人的处分权利。另外,根据《合同法司法解释二》第 15 条规定,出卖人就同一标的物订立多重买卖合同,只要不具备合同无效的情形,买受人因不能按照合同约定取得标的物所有权,可以请求追究出卖人的违约责任。也就是说,在出卖人"一物多卖"的情况下,虽然不是所有买受人都能获得该货物的所有权,但各个买受人与出卖人之间签订的买卖合同都是有效的,买受人可以要求出卖人承担违约责任。

 **10.哪些情形下,买卖合同会被认定为无效**

合同当事人在经过要约——承诺后,合同成立,但合同成立后,还要经得法律上的认可才能被确定为有效,依法成立的合同才能生效,只

有生效的合同才能对当事人产生约束力,才会获得法律的保护。《合同法》对合同无效的情形做了规定,其第52条规定:有下列情形之一的,合同无效:

(一)一方以欺诈、胁迫的手段订立合同,损害国家利益;

(二)恶意串通,损害国家、集体或者第三人利益;

(三)以合法形式掩盖非法目的;

(四)损害社会公共利益;

(五)违反法律、行政法规的强制性规定。

《合同法》第53条规定:合同中的下列免责条款无效:

(一)造成对方人身伤害的;

(二)因故意或者重大过失造成对方财产损失的。

可以看出,《合同法》对合同无效做了区分,存在第52条规定的情形的,整个合同无效;存在第53条规定的情形的,部分条款无效。

合同被认定为无效后,自合同成立时即告无效,部分无效的,不影响其他条款的效力,因该合同取得的财产,应当予以返还;不能返还或者没有必要返还的,应当折价补偿。有过错的一方应当赔偿对方因此所受到的损失,双方都有过错的,应当各自承担相应的责任。如果是第52条第2项情形的,即当事人恶意串通,损害国家、集体或者第三人利益的,因此取得的财产收归国家所有或者返还集体、第三人。

**案例:**

甲企业因资金周转紧张,遂向乙企业借款20万,期限2个月,为了规避国家关于企业间禁止借贷的规定,甲企业与乙企业签订一份《购销合同》,约定乙企业向甲企业采购货物5000吨,价值20万,乙企业支付"货款"后,甲企业实际上并不交付货物。双方在合同中约定,如果2个月后甲企业无法交付货物,则应退还货款并支付乙企业5%的违约金。

甲乙企业之间的《购销合同》是否有效？

**专家解析：**

甲乙之间其实并不存在真是的买卖关系，只是为了实现借贷目的而伪造了一个《购销合同》，该合同会被认定为"以合法形式掩盖非法目的"而无效。被认定为无效后，甲企业应返还乙企业 20 万"货款"，而无权按照合同的约定要求支付 5% 的违约金，但对于 20 万元的利息损失，乙企业可以要求甲企业根据各自的过错情况来分担。

**案例：**

L 省为了保护本省的森林资源，由省政府出台了一部禁止本省木材外销的地方性规定。A 企业从事木材加工行业，主要客户都集中在 H 省，为了维持市场份额，A 企业选择继续向 H 省的客户销售木材，遂与 H 省的 B 企业签订了《木材销售合同》。在履行过程中，被主管部门发现并及时制止，如果 A 企业选择继续履行，将面临巨额的罚款，如果不继续履行，将面临承担违约责任的风险。此时，A 企业提出与 B 企业签订的《木材销售合同》违反了 L 省关于禁止本省木材外销的规定，应被认定为无效，双方不能履行无效的合同。

如果起诉到法院，A 企业这样的理由能否得到法院的认可？

**专家解析：**

A 企业提出的理由就是基于《合同法》第 52 条第 5 项的规定，合同违反法律、行政法规的强制性规定无效，但对于法律、行政法规具体指什么，A 企业并没有认识清楚。根据《合同法司法解释一》第 4 条的规定：合同法实施以后，人民法院确认合同无效，应当以全国人大及其常委会制定的法律和国务院制定的行政法规为依据，不得以地方性法规、行政规章为依据。也就是说，除非合同内容违反的是全国人大或全国人大常委会制定的法律或者违反国务院制定的行政法规,不应被认定为无效。因此,如果 A 企业不履行《木材销售合同》,就难免要承担违约责任。

关于合同法第 52 条第 5 项,还应注意的一个问题就是"企业超越经营范围订立合同"是否有效? 企业在申请设立的时候,在工商管理部门登记时都会有核定的经营范围,企业应该从事经营范围内的业务,但企业超出经营范围的业务, 并不必然会被认定为无效,《合同法司法解释一》第 10 条规定:当事人超越经营范围订立合同,人民法院不因此认定合同无效。但违反国家限制经营、特许经营以及法律、行政法规禁止经营规定的除外。因此,企业只要不违反限制经营、特许经营、禁止经营的规定,即使超越经营范围,也不会被认定为无效。限制经营一般是国家产业政策相关的规制, 特许经营是指设计国家宏观经济和整体社会利益的经营活动,比如烟草专卖、供油供电、药品经营等,禁止经营指违反法律、行政法规强制性规定的非法经营,如毒品、枪支弹药买卖等。

**案例:**

王某经营家用电器生意,2012 年 5 月 23 日, 王某收到一位顾客退还的电饭煲一只,该顾客反应退还的电饭煲使用时存在异响,可能存在质量问题。5 月 25 日,唐某来到王某的店里挑选电饭煲,唐某提出店里的电饭煲价格都高于其他店,问王某能不能便宜点。王某提出自己的卖的东西都是大品牌,价格已经很公道了,如果要价格低一点的,前天有个退回来的货可以低价卖给唐某。王某还称,该退回来的电饭煲能正常使用,只是有些声响。唐某询问价格后觉得的确算便宜,于是决定购买,王某此时提出,如果电饭煲在使用过程中出现问题,对唐某或其他人造成伤害,自己不承担任何责任。唐某同意,双方特意签订了买卖合同并写明了上述免责条款。一个月后,唐某在使用电饭煲过程中发生事故,经认定是电饭煲的质量原因导致,唐某找到王某要求其承担赔偿责任,王某抗辩称已经告知了电饭煲可能存在质量问题，而且双方已经签订了免责合同，因此自己不应该承担赔偿责任。

法院会支持谁的理由？

家解析：

商家应保证自己所卖货物的质量合格，保障消费者的生命和财产安全，对于案例中的免责条款，属于《合同法》第53条第1项的情形，应被认定为无效条款，王某应对唐某受到的伤害承担赔偿责任。另外，应注意的是，该免责条款的无效不会影响到整个合同的效力，其他条款继续有效，王某和唐某之间的买卖关系还是继续存在的，如果该合同中约定了王某的其他义务，如维修等，王某应根据该买卖合同履行。

## 11.哪些情形下，可以申请变更或撤销买卖合同

合同是否无效是由法官在审理案件的过程中主动去审查的，无论当事人是否申请，只要存在无效的情形，就会被认定为无效。但如果合同在订立过程中存在瑕疵，一方当事人希望变更或撤销合同，以准确表达自己在订立合同时的意思，那么就需要向法院或仲裁庭提出请求。《合同法》第54条规定了可以申请变更或撤销合同的情形：

"下列合同，当事人一方有权请求人民法院或者仲裁机构变更或者撤销：

（一）因重大误解订立的；

（二）在订立合同时显失公平的。

一方以欺诈、胁迫的手段或者乘人之危，使对方在违背真实意思的

情况下订立的

合同,受损害方有权请求人民法院或者仲裁机构变更或者撤销。
当事人请求变更的,人民法院或者仲裁机构不得撤销。"

**案例:**

应某到某家电商场购买电视机,导购员介绍称该家电商场内的电视机价格从 5000 元到 3 万元不等,应某称自己想购买 1 万元左右的电视机,导购员将其带到商场 C 区并告诉应某该区域的电视机都是在 1 万元左右的。应某在 C 区挑中了一台液晶显示屏的电视机,该商场提供上门安装服务,并且可以货到付款,因此应某在留下地址和联系方式后就离开了。第二天,家电商场将应某挑中的电视机送到应某住处并安装妥当,但在付钱时应某才发现发票上的金额不是 1 万左右,而是 2 万 3 千元,应某认为商场存在欺诈行为,拒绝付款。家电商场将应某起诉到法院,请求法院判决应某支付 2.3 万的价款。应某抗辩称,自己明确告知想购买 1 万元左右的电视机,并且商场 C 区的电视机大部分标价都在 8500 元到 13000 元之间,且各个电视机的标价牌并不一一对应,商场存在误导消费者的行为,其最多只能支付 1 万 5 千元。

在这种情况在合同法上应如何处理,应某和家电商场应如何保护各自的权利?

**专家解析:**

所谓重大误解,是指当事人因自己的过错对合同的内容等发生误解,导致了合同的订立,并且误解直接影响到当事人所应享受的权利和承担的义务。最高人民法院《关于贯彻执行〈中华人民共和国民法通则〉若干问题的意见(试行)》第 71 条规定,行为人因对行为的性质、对方当事人、标的物的品种、质量、规格和数量等的错误认识,使行为的结果与自己的意思相悖,并造成较大损失的,可以认定为重大误解。在订立合同的过程中，既可以是单方发生误解，也可能是双方都发生了误解。

经法院查明，应某挑中的电视机的确市场价为 2.3 万元，家电商场虽然存在一定的误导，但的确有标价，应某在挑选电视机的时候，对该电视机的价格存在重大误解，因此根据《合同法》第 54 条的规定，家电商场可以以此为由请求撤销与应某之间的买卖合同，取回交付的电视机，以避免损失。如果双方经协商，对该电视机的售价达成一致意见的，那么双方可以请求变更原合同，并履行变更后的合同，比如双方同意以 2 万元的价格成交，若如此，则法院只能判决变更而非撤销。

在实践中，因为各种原因可能导致当事人之间对合同的内容存在理解上的差异，如果该差异明显违背了订立合同的目的，那么法律允许当事人到时候弥补改正，即合同法规定的撤销变更权。根据《合同法》第 54 条的规定，在重大误解和显示公平的情况下，任何一方当事人都有权请求撤销或变更合同。但在欺诈、胁迫、乘人之危的情况下订立的合同，只有受损害的一方当事人才有权请求撤销或变更合同。并且，如果当事人请求变更合同的，法院或仲裁庭不得将合同撤销。

**案例：**

2011 年 12 月 27 日，甲某通过房产中介与乙某夫妇签订了《房屋买卖合同》和办理相关手续的《协议书》，约定由甲某向乙某购买房产一处，总交易款 89 万元。2012 年 3 月 21 日，该房屋产权经核准登记于甲某夫妇名下。甲某原本想等租住的房子租约到期后，稍微装修一下搬入新买的房屋居住，但无意中得知自己购买的房屋内曾发生过恶性凶杀案件。经多方调查经核实，甲某了解到在 2009 年 5 月 18 日，乙某的表弟因夫妻矛盾难以调和，便用菜刀残忍地将妻子杀害，后来被警方抓获。从此以后，乙某自己也不住在该房子内，房子一直处于空置状态。甲某认为，自己所购买的房屋是"凶宅"，自己的老婆怀孕临产，住这样的房子不吉利,于是向法院提起诉讼,要求退房。

甲某的请求能否得到法院的支持?

**专家解析:**

法院经审理认为,当事人行使权利、履行义务应当遵循诚实信用原则。房屋内如发生过凶杀案件,房屋虽然在实物形态上没有受损,但因人们普遍对凶杀案件存在恐惧心理,会造成房屋价值的贬损,且购房者的生活质量会因此受到影响。本案中,被告明知房屋内曾经发生过凶案,但未举证证明在出售前已告知对方,其行为有违诚实信用原则,因此原告要求撤销双方的房屋买卖合同、要求被告返还购房款89万元,符合法律规定,予以支持。

本案例中,乙某对签订买卖合同过程中就存在欺诈的行为,在这种情况下,只有受损害的一方,及本案例中的甲某有权请求撤销合同。

应该注意的是,跟其他权利一样,撤销权的行使也有其特定的期限,根据《合同法》第55条的规定:

有下列情形之一的,撤销权消灭:

(一)具有撤销权的当事人自知道或者应当知道撤销事由之日起一年内没有行使撤销权;

(二)具有撤销权的当事人知道撤销事由后明确表示或者以自己的行为放弃撤销权。

当事人可以明示放弃撤销权,如果不放弃的,则应该在知道或应当知道撤销事由之日起1年内向法院或仲裁庭请求行使撤销权,这里的1年是除斥期间,一旦过去,撤销权就归于消灭。当事人行使撤销权后,原先订立的合同自始无效,双方当事人应该返回因该合同而取得的财产,不能返回的,应该折价赔偿,如果是一方的过错而导致合同被撤销,那么有过错的一方还应赔偿对方的损失。

**12.买卖合同的主要条款包括哪些**

买卖合同作为合同的一种类型,其条款包括一般条款和特殊条款,一般条款是指一般合同应具备的条款, 买卖合同的一般条款包括以下内容:

(1)当事人的名称或者姓名和住所:当事人名称是指法人、其他组织的名称;当事人姓名是指自然人姓名;住所是指户籍所在地或者经常居住地。(2)标的:买卖合同标的只能是实物(不包括权利),且必须是出卖人拥有所有权或者处分权的实物。(3)数量。(4)质量:指买卖合同标的物的质量标准。(5)价款或者报酬。(6)履行期限、地点和方式:指交付货物的时间、地点和交付方式。(7)违约责任。(8)解决争议的方法:包括协商、仲裁、诉讼等。

买卖合同的特殊条款指除了一般条款外, 还可以约定或应该约定的条款,主要包括以下内容:

(1)包装方式。(2)检验标准和方法:指买受人收到出卖人交付标的物时,对标的物的等级、质量、重量、包装规格等进行查验、测试、鉴定的标准和方法。(3)结算方式:指当事人之间因履行合同发生款项往来进行的清算和了结的方式,包括现金结算、票据结算等。(4)合同使用的文字及其效力等条款:主要存在于涉外合同、使用国内少数民族文字订立的合同场合。

第二篇

# 买卖合同的履行

#  1.合同履行的原则——全面履行原则

合同生效后即对当事人产生约束力，合同双方应按照合同的约定全面履行各自的义务，所谓全面履行，既包括履行主义务，还包括履行附随义务。

买卖合同中，买受人的主要义务有：(1) 按照合同约定支付价款；(2)受领标的物，买受人收货既是权利，也是义务，如果买受人没有按合同的约定受领标的物，因此造成的损失应由其承担；(3)检验标的物，检验的目的是查明出卖人交付的标的物是否与合同的约定相符，因此它密切关系着买受人的合同利益，买受人应及时检验，如果检验不合格，应及时通知出卖人。

买卖合同中，出卖人的主要义务包括：(1)按照合同约定的时间、地点、方式交付标的物，并转移标的物的所有权；(2)交付辅助单证和资料的义务；(3)权利担保义务，指出卖人应保证自己交付的标的物，不会有第三人向买受人追夺或主张权利的情形出现。

除了履行主义务外，买卖合同双方还应遵循诚实信用原则，根据合同的性质、目的和交易习惯履行通知、协助、保密等义务，这就是附随义务。附随义务是指法律一般没有具体规定，当事人自己也没有具体约定，但基于诚实信用原则和一般交易观念，当事人应承担的义务。附随义务的主要类型包括：

注意义务。当事人双方签订合同，既为交易伙伴关系，应互相保护，在履行义务时尽到合理的注意义务,不伤害到对方的利益。

告知、通知义务。对涉及对方重要利益的事项,应及时告知或通知。

保密义务。对于在合同签订、履行过程中得知的商业机密,应尽到保密义务。

协助义务。买卖双方应相互协助,是合同顺利履行,比如卖方交货时,买方应安排必要的人员进行协助、引导。

附随义务虽然不是主要义务,但对双方的合同权利也有着很关键的作用,如果一方未履行附随义务,应对对方的损失承担赔偿责任。

**案例:**

甲公司向乙公司采购大米50吨,约定5月20日交货。在合同履行过程中,突发泥石流,甲公司负责运输50吨大米的车队被堵在高速上,最后不得不从省道绕行,5月23日才将50吨大米交付给甲公司。甲公司在5月19日与丙运输公司签订合同,由丙运输公司负责在5月20日将50吨大米运往A地,但因乙公司迟延交付大米,导致甲公司不得不支付丙运输公司5天的误工费用。甲公司要求乙公司承担该笔误工费用,乙公司称自己遭遇不可抗力,可以免责。双方诉诸法院,法院是否会支持的甲公司的请求呢?

**专家解析:**

在本案例中,乙公司的运输车队遭遇泥石流,属于不能预见、不能避免并且不能克服的情况,对于其延迟5天交货,的确可以以不可抗力为由而免责。但根据《合同法》第118条的规定:当事人一方因不可抗力不能履行合同的,应当及时通知对方,以减轻可能给对方造成的损失,并应当在合理期限内提供证明。因此,乙公司对于自己遭遇不可抗力的

情况,是负有通知义务的,如果乙公司能及时通知甲公司将延迟交货的情况,那么甲公司就不会让丙运输公司在 5 月 20 日就派车,也就不会产生误工费用,因此,乙公司应赔偿甲公司支付的误工费用。

 **2.买卖合同中对质量要求的约定不明确如何处理**

买卖合同中,货物的质量是决定价格的重要基础,买受人在收到货物后应进行检验,但检验的前提是有质量标准,因此在买卖合同中,对质量标准的约定也是非常重要的。但很多时候,买卖双方却忽视了这个问题,要么没有约定,要么约定地非常笼统,在出现纠纷的时候,很难拿来作为标准使用。那么,合同法等法律是如何处理这个问题的呢?

**案例:**

A 学校向 B 服装厂订购一批夏装校服,A 学校提供了校服的款式和尺寸及订购的数量等信息,并要求校服材质为棉。一个月后,B 服装厂向 A 学校交付了订购了夏装校服,但 A 学校将校服发放给学生后,学生和家长普遍反映校服的质量有问题,不是全棉,且用料很薄,用来做校服不合适。A 学校因此要求退货,B 服装厂认为自己交付的校服符合合同的要求,拒绝退货,A 学校遂将 B 服装厂起诉至当地法院。

**专家解析:**

在本案例中,A 学校和 B 服装厂虽然就校服的材质进行了约定,但只是约定了材质为棉,并不具体明确,100% 全棉还是 80% 棉,衣服的薄厚也没有约定,因此才出现了争议。对于这种情况,根据《合同法》第61条的规定,当事人可以就没有约定或约定不清的条款进行补缺:"合同生效后,当事人就质量、价款或者报酬、履行地点等内容没有约定或者约定不明确的,可以协议补充;不能达成补充协议的,按照合同有关条款或者交易习惯确定。"如果仍然不能确定,则应适用《合同法》第62条的规定:"当事人就有关合同内容约定不明确,依照本法第六十一条的规定仍不能确定的,适用下列规定:(一)质量要求不明确的,按照国家标准、行业标准履行;没有国家标准、行业标准的,按照通常标准或者符合合同目的的特定标准履行。……"

也就是说,买卖合同中,关于货物的质量标准,应按以下顺序确定:

(1)约定标准:买卖合同中对质量标准有明确约定,则按约定无疑。

(2)质量说明标准:买卖合同的出卖人与买受人没有对标的物约定质量要求,但是出卖人提供了有关标的物质量说明的,并且符合以下条件的,出卖人交付的标的物应当符合该说明的质量要求:

A.出卖人提供质量说明的目的是为了订立该买卖合同;

B. 买受人基于出卖人所作的质量说明才与出卖人订立该买卖合同;

C.出卖人所作的说明必须是对标的物质量的说明,而非对标的物价值发表主观见解和评价。

(3)协议补充标准:合同生效后,当事人发现质量标准没有约定约定不清楚的,可以以补充协议的方式来弥补。

(4)推定标准:在不能达成或没有达成补充协议的情况下,按照合同有关条款或者交易习惯确定。

(5)国家标准、行业标准:按照推定标准仍然不能确定的,则按照国家标准、行业标准履行。

(6)通常标准、合同目的标准：在没有国家标准、行业标准的情况下，则按照通常标准或者符合合同目的的特定标准履行。

在本案例中，A学校和B服装厂之间对于校服的质量约定并不明确，又没有达成补充协议，根据推定标准也难以确定，也没有国家标准或行业标准，因此只能根据通常标准或者合同目的标准来确定，A学校采购校服的目的是为了给学生统一着装，展示学校形象，但B服装厂生产的服装太薄，也不是A学校所需求的全棉布料，因此难以符合A学校的合同目的，B服装厂应该接受A学校的退货要求。

买卖合同双方在订立合同时，应全面沟通，明确约定货物质量标准，如果没有约定或约定不清的，应及时进行补充。如果买卖合同中没有明确约定质量标准，卖方应按照国家标准或行业标准提供合格货物。买方在订立合同时，应尽量将自己的购买需求，订立合同的目的约定到合同当中。

## 3.买卖合同中对货物价款的约定不明确如何处理

一般的买卖合同中，货物的价款都是明确的，当事人可以约定一个总的价格，也可以约定价款计算方式。但在有些时候，当事人会先履行合同，在根据履行的实际情况和市场行情综合确定价款多少，这样虽然方便，也有一定的合理性，但很容易产生纠纷。

**案例：**

甲公司与乙公司在2013年3月18日签订了一份《钢材购销合

同》，约定由甲公司向乙公司采购钢材 3000 吨，乙公司分 3 个批次交货，全部货物货物交付后，甲公司一次性支付全部货款，货物价格按"我的钢铁网"价格，交货地为甲公司所在地 A 市，双方并对其他条款作了约定。2013 年 5 月 13 日，乙公司交完全部 3000 吨货物后，按当天"我的钢铁网"的价格与甲公司结算，即 3250 元 / 吨。甲公司提出异议称，双方应该按照合同签订日即 3 月 18 日的价格进行结算，为 3200 元 / 吨。双方对此争执不下，起诉到法院。

法院会支持谁的说法？

**专家解析：**

本案例的焦点为在约定不明的情况下，如何确定合同价款。根据《合同法》第 61 条的规定："合同生效后，当事人就质量、价款或者报酬、履行地点等内容没有约定或者约定不明确的，可以协议补充；不能达成补充协议的，按照合同有关条款或者交易习惯确定。"如果不能达成补充协议，并且按照合同有关条款和交易习惯也不能确定的，那么只能按照《合同法》第 62 条的规定来确定："当事人就有关合同内容约定不明确，依照本法第六十一条的规定仍不能确定的，适用下列规定：……价款或者报酬不明确的，按照订立合同时履行地的市场价格履行；依法应当执行政府定价或者政府指导价的，按照规定履行。……"

因此，按照市场价格执行的合同，其货物价款的确定顺序为：

（1）约定价款：买卖双方对合同价款有明确约定的，按照该条款执行；

（2）协议补充价款：买卖双方对合同价款没有约定或者约定不明确的，以补充协议的形式进行补充约定；

（3）推定价款：对价款没有约定或者约定不明确的，不能达成补充协议的，按照合同有关条款或者交易习惯确定；

（4）默认价款（合同订立时履行地市场价格）：对价款没有约定或者约定不明确，当事人不能达成补充协议，按照合同有关条款或者交易习惯仍不能确定，价款或者报酬不明确的，按照订立合同时履行地的市场价格履行。

本案例中，关于货物价款，甲公司和乙公司只约定了以"我的钢铁网"的价格为准，并为明确约定是合同订立时的价格还是合同履行时的价格，也没有约定"我的钢铁网"哪个地区的价格为准，因此属于约定不明确的情形。合同生效后到交货完毕，双方并没有对价格条款达成任何补充约定，因此，在出现纠纷时，只能按照订立合同时履行地的市场价格履行。合同订立时间为 3 月 18 日，合同履行地为甲公司所在地 A 市，而"我的钢铁网"作为大型的行业信息平台，其公布的价格属于市场价格。因此，甲乙公司之间的合同，应按照 3 月 18 日"我的钢铁网"关于 A 市所在区域的价格执行。

合同价款事关买卖双方的切身利益，因此应谨慎对待，明确约定。在没有明确约定而只能按照法律规定的价款执行时，应注意《合同法》第 62 条第（二）项规定的合同价款，包含了 2 个确定要素，即"时"和"地"，"时"为合同订立时，买卖双方对此时的市场价格都比较清楚明白，但合同履行可能在几个月之后，那时可能因市场变动，货物价款会产生较大的浮动，如果以那时的价格执行，会使双方的权利义务产生很大的不确定性，卖方不知道自己做了这一单买卖是会赚还是会亏，而买方更是不能确定自己到底要为这批货物支付多少代价，这种不确定性不利于鼓励交易，也不利于市场的稳定。"地"为合同履行地，合同履行地与货物交付息息相关,按照该地的价格应该是双方意料之中的事情。

 **4.执行政府定价或政府指导价的合同,**
**遇价格调整时如何处理**

在合同价款没有明确约定,也没有达成补充协议,且不能按照合同有关条款或者交易习惯确定时,《合同法》第 62 条第一款第二项区分了2 种情况,一种是按照市场价执行的合同,该类合同按照合同签订时履行地的价格执行;另一种是按照政府定价或政府指导价执行的合同,该类合同应按照政府定价或指导价的相关规定执行。

我国《价格法》第 3 条第 1 款规定:"国家实行并逐步完善宏观经济调控下主要由市场形成价格的机制。价格的制定应当符合价值规律,大多数商品和服务价格实行市场调节价, 极少数商品和服务价格实行政府指导价或者政府定价。"市场调节价,是指由经营者自主制定,通过市场竞争形成的价格。政府指导价,是指依照本法规定,由政府价格主管部门或者其他有关部门, 按照定价权限和范围规定基准价及其浮动幅度,指导经营者制定的价格。政府定价,是指依照本法规定,由政府价格主管部门或者其他有关部门,按照定价权限和范围制定的价格。市场调节价是价格的基本形式,但为了社会公共利益的需要,国家对有些商品的价格实行干预,制定政府定价或政府指导价。政府定价和政府指导价具有强制性,买卖双方只能按照该价格执行。

政府定价和政府指导价另外一个特别之处在于其价格调整, 按照《合同法》第 63 条的规定:"执行政府定价或者政府指导价的,在合同约定的交付期限内政府价格调整时,按照交付时的价格计价。逾期交付标的物的,遇价格上涨时,按照原价格执行;价格下降时,按照新价格执行。逾期提取标的物或者逾期付款的,遇价格上涨时,按照新价格执行;价格下降时,按照原价格执行。"一般情况下,买卖合同签订后,当事人双方就应该按照合同的内容执行,价格条款就确定下来了。但政府定价或政府指导价会随着商品市场的实际情况进行调整,如果在合同执行期间内遇到政府定价或政府指导价调整的,应该按照调整后的价格执行;如果是一方违约导致逾期履行的,价格调整的原则是执行对违约者不利的价格。具体如下表所示:

| 交付期间内 | 卖方逾期交货 | | 买方逾期收获或逾期付款 | |
|---|---|---|---|---|
| | 价格上调 | 价格下降 | 价格上调 | 价格下降 |
| 按交付时的价格执行 | 按原价格（即订立合同时的价格） | 按新价格（即下降后的价格） | 按新价格（即上调后的价格） | 按原价格（即订立合同时的价格） |

**案例 1:**

甲公司与某石油公司签订购油合同,在签订合同时,90#汽油的政府指导价是 1800 元/吨,而在合同履行期内,如果汽油价格上涨到 2500 元/吨,那么就应按交付时的 2500 元/吨计价;如果价格下降到 1500 元/吨,那么就应按交付时的 1500 元/吨计价。

**案例 2:**

甲公司与某石油公司签订购油合同,签订合同时 90#汽油的价格是 1800 元/吨,而在合同履行期内,石油公司因无货可供而导致逾期交货,如果汽油价格上涨到 2500 元/吨,那么仍应按 1800 元/吨计价;如果价格下降到 1500 元/吨,那么就应按 1500 元/吨计价。

**例3：**

甲公司与某石油公司签订购油合同，签订合同时90#汽油的价格是1800元／吨，而在合同履行期内，甲公司因未提货而导致逾期提货，如果汽油价格上涨到2500元／吨，那么就应按2500元／吨计价；如果价格下降到1500元／吨，那么仍应按1800元／吨计价。

## 5.买卖合同中对履行地点约定不明如何处理

在日常的一手交钱一手交货的小买卖中，对于履行地点一般不会产生争议，但如果买卖双方不在同一地点，或者货物是需要运输的，那就会产生约定履行地的问题。履行地对买卖双方的利益也有着重要影响，因为它关乎货物的在途风险、运费的承担等，对于支付价款义务而言，履行地也会涉及到费用成本问题。

对于交货义务的履行而言，首先应按照买卖双方的明确约定来执行，在没有约定或约定不明的情况下，应按照《合同法》第61条的规定来确定："合同生效后，当事人就质量、价款或者报酬、履行地点等内容没有约定或者约定不明确的，可以协议补充；不能达成补充协议的，按照合同有关条款或者交易习惯确定。"达不成补充协议，并且按照合同有关条款和交易习惯也不能确定的，则应按照《合同法》第141条的规定执行："（一）标的物需要运输的，出卖人应当将标的物交付给第一承运人以运交给买受人；（二）标的物不需要运输，出卖人和买受人订立合同时知道标的物在某一地点的，出卖人应当在该地点交付标的物；不知道标的物在某一地点的，应当在出卖人订立合同时的营业地交付标的物。"《合同法》第 141 条其实是对《合同法》第 62 条第 1 款第 3 项"交付不动产的,在不动产所在地履行;其他标的,在履行义务一方所在地履行"这一笼统规定的细化和补充,以适应买卖合同的实际情况。

综上,买卖合同中,对于货物交付地点的确定,应按照以下顺序:

(1)约定交付地点:买卖双方对货物交付地点有明确约定的,应该按照该约定执行;

(2)协议补充交付地点:当事人没有约定交付地点或者约定不明确,在合同生效后,可以通过补充协议的形式来确定;

(3)推定交付地点:当事人没有约定交付地点或者约定不明确,不能达成补充协议的,按照合同有关条款或者交易习惯确定;

(4)默认交付地点:当事人没有约定交付地点或者约定不明确,不能达成补充协议的,且按照合同有关条款或者交易习惯仍不能确定的,按照以下默认交付地点交付:

A.标的物需要运输的:出卖人应当将标的物交付给第一承运人以运交给买受人;

B.标的物不需要运输:? 出卖人和买受人订立合同时知道标的物在某一地点的,出卖人应当在该地点交付标的物;? 不知道标的物在某一地点的,应当在出卖人订立合同时的营业地交付标的物。

**案例:**

王某在 A 县从事水果批发生意,张某在 B 县从事杨梅种植,6月3日,王某与张某达成一份杨梅买卖合同,双方约定张某在 7 月 3 日之前向王某提供杨梅 1000 斤,单价 10 元／斤,王某支付定金 3000 元,张某应保证提供的杨梅属于自家种植的杨梅,并保证其质量。王某在签订合同并支付定金后即回到 A 县。但直到 7 月 5 日,王某也没收到张某的杨梅,因此错过了好几笔生意,而张某也没等到王某来要货,为了避免杨梅变质,只能卖给了其他人。王某得知后,认为张某违约,因承担违约责任,双倍返还定金,张某不肯,王某起诉至法院。

该案例中,究竟是张某违约还是王某违约?

**专家解析:**

本案例的焦点在于双方对交货地点没有约定,交货地点对交货义务有着十分重要的影响,如果交货地在张某家,则王某应履行提货义务,否则属于王某违约;如果交货地点在王某的批发店,则张某应送货上门,否则属于张某违约。

根据合同法的有关规定,结合本案例的实际情况,王某和张某对于交货地点没有明确的约定,事后也没有达成补充协议,因此无法根据双方当事人之间的意思表示来确定交货地点。此时,如果当地对于该类收购有明确的交易习惯的话,比如一般都是采购商上门提货,则应按照该交易习惯执行;如果没有该类交易习惯,或者根据交易习惯也不能确定的,则应根据默认交付地点来确定,本案例中双方并没有约定货物要交付运输,而王某和张某订立该合同时,明确知道即将交付的杨梅在张某家,因此本案例中杨梅的交付地点应确定为张某家,王某应履行提货义务,张某并没有在约定的时间内提货,属于违约,因此无权要求返还定金,张某有权根据杨梅易腐烂变质的特点另卖他人。但在本案例,应注意的是,并不是说王某提货义务在王某,张某就一点义务都没有,根据《合同法》第 60 条的规定:"当事人应当按照约定全面履行自己的义务。

当事人应当遵循诚实信用原则,根据合同的性质、目的和交易习惯履行通知、协助、保密等义务。"张某在备妥 1000 斤杨梅后,应尽自己的能力去通知王某提货,否则对于王某造成的损失,也应承担一定的责任。

买卖合同的履行,一方面是交货,另一方面就是付款。如果买卖双方采用的是电汇、网上银行等这种快捷手段,可能不会有付款地点的争议,但对于现金支付的方式,还是应对付款地点加以明确的,在没有约定或约定不明的情况下,应按照《合同法》第 61 条的规定来确定:"合同生效后,当事人就质量、价款或者报酬、履行地点等内容没有约定或者约定不明确的,可以协议补充;不能达成补充协议的,按照合同有关条款或者交易习惯确定。"达不成补充协议,并且按照合同有关条款和交易习惯也不能确定的,则应按照《合同法》第 160 条的规定执行:"买受人应当按照约定的地点支付价款。对支付地点没有约定或者约定不明确,依照本法第六十一条的规定仍不能确定的,买受人应当在出卖人的营业地支付,但约定支付价款以交付标的物或者交付提取标的物单证为条件的,在交付标的物或者交付提取标的物单证的所在地支付。"同样,这也是对《合同法》第 62 条第 1 款第 3 项"履行地点不明确,给付货币的,在接受货币一方所在地履行"这一规定的明确。

综上,对于付款义务,其履行地点应按照以下顺序确定:

(1)依约定地点支付价款:买卖双方对付款地点有明确约定的,应按照约定执行;

(2)协议补充地点支付价款:对支付地点没有约定或者约定不明确,可以以补充协议的形式进行弥补;

(3)推定地点支付价款:对支付地点没有约定或者约定不明确,不能达成补充协议,按照合同有关条款或者交易习惯确定;

（4）默认地点支付价款（出卖人的营业地、交付标的物或提取标的物单证的所在地）：对支付地点没有约定或者约定不明确，不能达成补充协议，且按照合同有关条款或者交易习惯仍不能确定的：

A.一般情况下，买受人应当在出卖人的营业地支付；

B.如果买卖双方约定以交付标的物或者交付提取标的物单证作为付款条件的话，则买受人应在交付标的物或者交付提取标的物单证的所在地支付货款。

##  6.买卖合同中对履行期限约定不明如何处理

买卖合同中的履行期限主要指交货时间，也包括付款时间，这两个时间都关乎买卖双方主权利的行使，如果约定不明，会严重影响合同的顺利履行。同时，任何一方超期履行的话，都属于违约行为，守约方可以要求违约方承担违约责任，但必须在法律规定的诉讼期间内提出，即应在知道或应当知道对方违约之日起 2 年内起诉，否则将不受法律的保护。

就交付货物而言，首先应按买卖双方的明确约定执行，《合同法》第 138 条规定："出卖人应当按照约定的期限交付标的物。约定交付期间的，出卖人可以在该交付期间内的任何时间交付。"如果没有约定或约定不明，则按《合同法》第 61 条执行："合同生效后，当事人就质量、价款或者报酬、履行地点等内容没有约定或者约定不明确的，可以协议补充；不能达成补充协议的，按照合同有关条款或者交易习惯确定。"，如仍不能确定,则按《合同法》第 62 条第 1 款第 4 项执行:"履行期限不明确的,债务人可以随时履行,债权人也可以随时要求履行,但应当给对方必要的准备时间。"

综上,交付货物的履行时间应按以下顺序进行:

(1)约定交付时间:买卖双方对交货时间有明确约定的,应按该约定时间执行;如果双方约定的履行时间为一个期间的,如"合同签订后 1 个月内"或"7 月 1 日至 8 月底",那么,出卖人可以在该期间内的任何时间交货。

(2)协议补充交付时间:当事人没有约定标的物的交付期限或者约定不明确的,在合同生效后,可以以补充协议的形式来弥补;

(3)推定交付时间:当事人没有约定标的物的交付期限或者约定不明确,不能达成补充协议的,按照合同有关条款或者交易习惯确定;

(4)随时交付:当事人没有约定标的物的交付期限或者约定不明确,不能达成补充协议的,且按照合同有关条款或者交易习惯仍不能确定的,债务人可以随时履行,债权人也可以随时要求履行,但应当给对方必要的准备时间。

以上货物交付时间都是针对一般交付的,如果在订立买卖合同之前,标的物就已经被买受人所占有了,那么,合同生效的时间就是货物交付的时间。

**案例:**

王某在 A 县从事水果批发生意,张某在 B 县从事杨梅种植,6 月 3 日,王某与张某达成一份杨梅买卖合同,双方约定张某在 7 月 3 日之前向王某提供杨梅 1000 斤,单价 10 元 / 斤,王某支付定金 3000 元,张某送货上门,保证提供的杨梅属于自家种植的杨梅,并保证其质量。王某在签订合同并支付定金后即回到 A 县。6 月 8 日,张某将 1000 斤杨梅送到王某的水果批发店,但王某认为张某现在将 1000 斤杨梅送到为时过早,自己还没联系到下家,并且自己的仓库已满,根本无处存放这 1000 斤杨梅,因此要求张某先将杨梅运回去,等到 6 月底再交货。张某难以接受,为了降低损失,张某将 1000 斤杨梅以 9 元 / 斤的价格卖给了另一个从事水果批发生意的蒋某,之后起诉王某,要求王某弥补自己的损失 1000 元。

　　法院会支持张某的主张吗?

家解析:

　　本案例中,张某和王某之间达成的杨梅买卖合同中,对于交付时间有明确的约定,即"7 月 3 日之前",该约定属于一个交货期间,张某作为卖方,可以在合同生效后至 7 月 3 日该期间内的任何一天向王某履行交货义务,王某应按要求受领货物。本案例中,张某在 6 月 8 日送货上门,完全符合合同的约定,但王某却以自己没有准备好或者无仓储条件为由拒绝受领货物,属于违约行为,张某为了防止损失扩大,有权处理货物,并就自己的损失向王某主张赔偿。因此,法院应支持王某的诉求。

　　在约定交货时间时,卖方应充分考虑自己的生产能力或供货条件,对于何时能备妥货物不确定的,最好约定一个交货期间,以方便调节,避免违约。在备妥货物后,最好能通知买方自己即将交货,让对方做好接获准备,避免不必要的麻烦。对于买方而言,如果采购的货物需要场地存储的,应保证在卖方按合同约定交货时自己有能力接货,对于交货期是一个期间的,应在合同中约定卖方提前几天通知的义务。另外,如果买卖合同对于交货期没有约定或约定不明,卖方可以随时交货,买方可以随时要求卖方交货,此时,任何一方提出要求时都应给对方必要的准备时间。

买卖合同中的一个重要履行时间就是付款时间,根据《合同法》第161条的规定:"买受人应当按照约定的时间支付价款。对支付时间没有约定或者约定不明确,依照本法第61条的规定仍不能确定的,买受人应当在收到标的物或者提取标的物单证的同时支付。"也就是说,付款时间的确定应按照以下顺序:

(1)约定支付价款时间:买卖双方对付款时间有明确约定,按照该约定执行;

(2)补充协议支付价款时间:对支付时间没有约定或者约定不明确的,可以以补充协议的形式弥补;

(3)推定支付价款时间:对支付时间没有约定或者约定不明确的,不能达成补充协议的,按照合同有关条款或者交易习惯确定;

(4)同时支付价款:对支付时间没有约定或者约定不明确的,不能达成补充协议的,且按照合同有关条款或者交易习惯仍不能确定的,买受人应当在收到标的物或者提取标的物单证的同时支付。

也就是说,在当事人之间对付款时间没有约定或约定不明的情况下,法律最保底的要求就是"一手交货,一手交钱"。

**案例:**

某建材公司与某建筑公司签订了一份建材买卖合同,约定建材公司每月10日为建筑公司提供一吨钢材,并对钢材的价格、质量要求、履行地点等做出了约定,双方对付款的期限没有做出约定。建材公司供货后,向建筑公司要求付款时,建筑公司以双方未约定付款期限为由只答应年终结算付款。

建筑公司的说法合理吗,建材公司是否只能等到年底才能拿到货款?

家解析:

本案例中,建材公司和建筑公司之间对付款时间没有明确约定,也未达成任何补充协议,在根据合同相关条款和交易习惯也无法明确的情况下,建材公司可以要求建筑公司在每次收到货物的同时支付货款。


## 7.买卖合同中对履行费用的承担没有约定如何处理

买卖合同的履行过程中,会产生很多费用,主要包括税费、运费、装卸费、堆存费、利息等,当采购量大时,或者对于利润薄的行业来说,这些费用由谁承担也是一个利益攸关的问题。因此,买卖双方应明确约定交易价格是否含税,运费、装卸费、堆存费、利息等由谁承担,如果买方以承兑方式支付货款,承兑贴息由谁承担等。如果没有约定或约定不明确,则应按照《合同法》第61条的规定执行:"合同生效后,当事人就质量、价款或者报酬、履行地点等内容没有约定或者约定不明确的,可以协议补充;不能达成补充协议的,按照合同有关条款或者交易习惯确定。"仍不能确定的,按《合同法》第62条第1款第6项的规定执行:"履行费用的负担不明确的,由履行义务一方负担。"

因此,最好当事人自己明确约定,或者达成补充协议,不然只能按照合同条款或交易习惯确定，仍不能确定的话，由履行义务的一方负担。也就是说，如果对于货物价格是否含税没有约定，则税费应由卖方承担，即默认含税，因此对于卖方来说，如果要买方承担相应税费的话，则应在合同中明确约定"货物价格不含税，税费由买方承担"，最终结算时，将货物价格加上税费结算；如果对于运费的承担没有明确约定，则合同约定运输由谁负责，运费就由谁承担，对于卖方而言，有时可能会代办运输，此时应和买方明确约定货物运输的目的地即运费由谁承担；相对于现汇而言，承兑方式付款具有一定的融资功能，因此买方如果以承兑方式付款，但卖方需要将票据贴现，那么双方应明确贴现的利息由谁承担，如果没有约定的，应由履行付款义务的一方即买方承担；其他履行费用以此类推。

**案例：**

甲村严某等5户家庭一起装修房子，现需要外墙面瓷砖1000箱，为了降低成本，5户家庭委托严某到隔壁县采购。几经对比，严某觉得爱得丽瓷砖店卖的瓷砖质量比较好，价格也公道，在与该店老板讨价还价后，严某以10元／箱的价格谈下1000箱的瓷砖采购合同，严某提出要求送货上门，爱得丽瓷砖店的老板称最近油价上涨，如果要送货上门，则要另外每箱加价5毛，严某称自己采购量大，店里应该负责免费送货上门，双方僵持不下，爱得丽瓷砖店的老板为了留住生意，同意先送货上门，运费到时再商量，严某将地址告诉了爱得丽瓷砖店的老板。3天后，爱得丽瓷砖店的老板将严某订的1000箱瓷砖送到甲村，除了要求5户家庭支付瓷砖货款，爱得丽老板提出运费按4毛／箱收取，但严某等5户家庭不同意，爱得丽老板无奈之下只能请求法院支持自己的主张,要求严某等5户家庭按照实际发生的运费弥补自己的损失。

法院是否会支持爱得丽瓷砖店老板的请求?

家解析:

本案例中,爱得丽瓷砖店的老板与严某之间并未就运费承担问题达成一致,并且在瓷砖运到甲村后,双方也未就运费问题达成补充约定,而根据合同其他条款和交易习惯也无法确定,因此,法院认定运费由履行义务的一方承担,根据双方的约定,爱得丽瓷砖店负责送货上门,因此履行义务的一方为爱得丽瓷砖店,对于实际发生的运费,应由爱得丽瓷砖店自行承担,不能要求严某等5户家庭支付额外的费用。

## 8.买卖合同中对包装方式约定不明如何处理

包装方式关系到标的物保护、安全、风险承担以及销售成本,在货物买卖中,特别是从较远的地方购买物品时,往往需要对该物进行包装。包装,一般由出卖人负责。对买卖的物品进行包装是为了保证该物运输安全和保管安全,使该物安全地送给买受人或者买受人指定的其他收货人。包装方式包含着对包装技术和包装物器的质量要求。具体的包装的方式,由双方当事人根据标的物的性质等情况来商定。对有些标的物来说,质量标准的一部分可能就通过包装本身来表现。因此,出卖人交付的标的物,应当符合合同约定的包装方式,当事人应当在合同中对此进行约定。当然,不需要专门进行包装的物品,仅裸装即可。

对于需要特殊包装的,当事人务必在合同中明确约定包装方式,如果没有明确约定或者约定不明确的,应按照《合同法》第 61 条的规定:"合同生效后,当事人就质量、价款或者报酬、履行地点等内容没有约定或者约定不明确的,可以协议补充;不能达成补充协议的,按照合同有关条款或者交易习惯确定。"如果还不能确定,则应按照通用的方式包装,没有通用方式的,应当采取足以保护标的物的包装方式。

也就是说,买卖合同中包装方式的确定应按照以下顺序:

约定包装方式:买卖合同双方对包装方式有明确约定,应按照约定执行;

协议补充包装方式:对包装方式没有约定或者约定不明确,合同生效后,可以以补充协议的形式弥补;

推定包装方式:对包装方式没有约定或者约定不明确,不能达成补充协议的,按照合同有关条款或者交易习惯确定;

通用包装方式:对包装方式没有约定或者约定不明确,不能达成补充协议的,且按照合同有关条款或者交易习惯仍不能确定包装方式,应当按照通用的方式包装;

足以保护的包装方式:对包装方式没有约定或者约定不明确,不能达成补充协议的,按照合同有关条款或者交易习惯仍不能确定包装方式,且没有通用方式的,应当采取足以保护标的物的包装方式。

**案例:**

李某在外经商,听说老家的杨梅成熟了,打算采购一些送客户。在家里人的联系下,李某向张某订购了 100 斤杨梅,约定单价为 12 元/斤,李某于 6 月 20 日上门提货。6 月 20 日,李某来到张某家,当张某将 100 斤杨梅交给李某时,李某拒绝接受,因为张某将 100 斤杨梅装在了

2个大篮子里,自己根本没办法直接送给客户。李某要求张某按照其他地方的包装一样,10斤/篮分成10小篮,张某称自家向来都是这样包装的,达不到李某的要求。

本案例中的杨梅究竟应采用何种包装方式呢?

家解析:

本案例中,李某并未与张某明确约定包装方式,也没有达成补充协议,张某应该按照当地出售杨梅的通用方式来包装杨梅,如果李某能举证当地农户售卖杨梅时都是以10斤/篮的方式包装的,那么,张某也应该按照这种包装方式执行,除非其事先已经告知李某自己家的杨梅不会采用那种方式包装,否则应承担违约责任。

对于包装物的费用,买卖合同当事人可以约定由谁承担,没有约定的,应由履行义务一方即出卖人承担。当事人也可以约定包装物是否回收,没有约定的,视为不回收。

# 9.如何认定交易习惯

买卖合同中,在当事人之间没有明确约定的情况下,经常按照交易习惯来确定合同相关的内容或权利义务,因此,交易习惯在买卖合同的履行中起着重要的补充作用。那么,究竟什么是交易习惯,它是如何认定的呢?

根据《合同法司法解释二》第7条的规定,交易习惯包括2种情况:

在交易行为当地或者某一领域、某一行业通常采用并为交易对方订立合同时所知道或者应当知道的做法；

当事人双方经常使用的习惯做法。

对于交易习惯，由提出主张的一方当事人承担举证责任。

可以看出，交易习惯既包括行业内的普遍做法，也包括当事人双方长期交易所形成的习惯，只是在主张按照交易习惯确定合同内容或权利义务时，提出主张的一方应负责证明交易习惯的存在，否则应承担举证责任失败的后果，即可能败诉。

**案例：**

2010年9月13日，甲某与乙某以口头形式达成一份买卖合同，约定由甲某想乙某出售一批锯片，价款6000元。甲某称自己交货后，乙某不按照约定付款，请求法院判决乙某支付其应支付的货款，甲某提供了乙某的签收凭据。乙某辩称：按两人之间的交易习惯，都是先付款后发货，此款已支付甲某，但没向甲某索取付款凭证。

此案是严格按照证明责任规则判定乙某因举证不能败诉，还是查明交易习惯后再认定？

**专家解析：**

在本案中，甲某向乙某出售了一批价值6000元的锯片，有乙某签收的书面凭证作为依据。为此，甲某以乙某仍欠付相应货款为由要求乙某向其支付货款6000元，乙某抗辩称此款已支付给甲某，但未能提供相应的付款凭证，其理由为乙某当时未向甲某索取该付款凭证。并且，乙某还以先付款后发货的交易习惯作为诉讼抗辩的证据方式。

在本案的处理方式上，有两种选择，一种是先查明该合同交易习惯，另一种是无需查明交易习惯，仅需要求被告就已付款的事实进行举证即可。

在现代市场经济条件下,何为交易习惯,在相当程度上受到市场供需关系的调整。因为,何方当事人处于市场优势地位,将在合同履行的具体方式上享有更多的话语权。当锯片作为商品在市场行情上出现供大于求的情形时,按照经验法则很难期待买方在收到货物之前就将全部货款支付给卖方。同理,当锯片在市场行情上出现供不应求的情形下,也难以期待卖方在收到买方全部或者部分货款之前就将全部货物交付给买方。另外,在市场供求关系的此起彼伏并不明显的条件下,与此相关的交易习惯也难以确定。在本案中,乙某主张对其有利的交易习惯作为抗辩事由,但是,在程序上,乙某有必要首先提供证据证明这种交易习惯的存在并适用于双方当事人之间的交易,以便作为法院就此加以判断的依据。

在本案中,鉴于双方当事人采用口头协议的形式,根据我国《合同法》第 61 条的旨意,在履行合同过程中双方当事人对于有关合同权利义务没有约定或者约定不明而发生争议时,可根据交易习惯来加以确定。但是,作为双方当事人在本案中的主要事实争执点与法院作为审理及裁判的对象为:乙某是否已向甲某支付 6000 元货款,而并不在于乙某应当是在甲某向其交付货物之前,还是在甲某向其交付货物之后,履行其支付 6000 元货款的义务。这是因为,即便按照交易习惯,乙某只有在向甲某先付款之后才能收到货物,但是,为了证明其已向甲某支付过6000 元货款,以防止事后发生争执,乙某应当要求甲某为其所支付的6000 元开具发票或者提供收据作为凭证。这更是一种商业上的惯常交易习惯。

因此,在本案中,当法院将双方当事人的争执点以及审理框架确定为乙某是否已向甲某支付 6000 元货款,并作为待证事实时,无论被告按照交易习惯是否应先行付款，法院的裁判仍要看被告是否能够提供自己已付货款凭据，如果乙某无法提供其已向甲某支付 6000 元货款的有效证据，法院即可据情作出对乙某不利的判决，而不必在查明交易习惯后再就案件事实作出认定。

 **10 卖方应如何履行交付义务**

买卖合同中，卖方最主要的义务就是交付标的物，买方的目的就是取得标的物的所有权，所以交付标的物并转移标的物所有权是出卖人最基本的义务。在买卖合同中，交付可以是出卖人将标的物的占有直接转移于买受人，使标的物处于买受人的实际控制之下，如将出卖的商品直接交给买受人；也可以是出卖人将对于第三人的请求提取标的物的权利转让给买受人，如将仓单、提单交给买受人。

交付是指交付占有，出卖人履行交付义务，不但要向买受人交付标的物或者交付提取标的物的单证，还应一并转移标的物所有权。交付又可分为现实交付和拟制交付，拟制交付是指标的物不能实际转移占有或者不需要实际转移占有的情况下，出卖人将对标的物占有的权利移转给买受人，以代替实物的交付。拟制交付又可细分为简易交付、占有改定、指示交付。

因此，买卖合同中交付的类型可分为以下几种：

现实交付，指出卖人将标的物的事实管领力转移于买受人，使标的物处于买受人的实际控制下，由买受人直接占有标的物。

简易交付，指在买卖合同订立前，买受人已实际占有标的物时，买卖合同生效即视为交付。《合同法》第 140 条对简易交付作了规定："标的物在订立合同之前已为买受人占有的，合同生效的时间为交付时间。"

指示交付，指标的物由第三人占有时，出卖人将向第三人请求返还的权利让与买受人，以代替标的物的实际交付。如出卖人将提单、仓单交付给买受人，代替实物的交付。

占有改定，指买卖双方在合同中约定，标的物的所有权转移给买方，但仍由卖方实际占有，买方取得间接占有。如，甲向乙出售汽车，但约定向乙租用该车。

**案例 1：**

某家电商场周年庆推出特惠活动，不但价格上给予消费者优惠，还承诺免费送货上门，免费负责安装调试。8 月 8 日，王某在该家电商场挑选了一款油烟机，8 月 10 日，该家电商场将王某挑中的油烟机与其他顾客的商品一起交给某快递公司负责运输，8 月 11 日，油烟机送到王某家中，家电商场同时派工作人员上门负责安装调试完毕。本案例中，家电商场交付的油烟机的方式为哪种类型，何时为交付时间？

**案例 2：**

甲某和乙某是很好的朋友，甲某于 2005 年 4 月 11 日购买了一台摩托车，后因工作需要，甲某被派往外地出差 3 个月，在此期间，甲某将自己的摩托车交由乙某保管。甲某在外地工作表现出色，在征求过甲某的意见后，领导决定让其常驻该地并负责该地区的业务。2005 年 9 月 3 日，甲某觉得自己既然常驻在外，不如索性将摩托车折价卖给乙某好了，在与乙某沟通后，乙某同意买下甲某的摩托车。甲某是以何种方式交付标的物的，何时交付？

**案例3:**

2011年2月19日,甲公司将5000斤大米存放于乙仓库,双方约定保管期间1个月,甲公司在1个月内派人来运走或交付下家运走。2月23日,甲公司与丙公司签订大米买卖合同,将存放于乙仓库的5000斤大米卖予丙公司,同日,甲公司向丙公司出具提货委托书一份,写明"我司存放于乙仓库的5000斤大米,请见此委托书后放予丙公司"。3月15日,丙公司凭甲公司出具的委托书前往乙仓库提货。本案例中甲公司的交付属于何种交付,交付日期为何日?

**案例4:**

甲某从事长途运输工作,自己有一辆大卡车,2009年6月18日,甲某的母亲身患重病,无奈之下,甲某只能将自己的大卡车卖给乙某,以支付母亲高昂的医药费。但为了继续从事长途运输工作,甲某与乙某商定,大卡车卖给乙某后,乙某将车子租给甲某继续使用,甲某每年定期支付租金,双方签订买卖合同的同时签订了一份租赁协议。本案例中甲某的交付属于何种交付,交付日期为何时?

**专家解析:**

案例1中,家电商场的交付属于现实交付,即把油烟机实际交给王某占有控制。交付时间为安装调试完毕之时。

案例2中,甲某的交付方式属于简易交付,因为买卖的摩托车之前已经交给乙某保管,已经处于乙某的实际控制之下了,在甲乙双方达成买卖合同之时交付完成。

案例3中,甲公司的交付属于指示交付,因为在甲公司和丙公司达成过大米买卖合同之时,大米实际上是由第三方——乙仓库占有控制的,但甲公司对乙仓库提取该5000斤大米的权利,现在甲公司以委托书的形式要求乙仓库,将自己提取大米的权利转移给丙公司,在甲公司交付该委托书的时候,交付完成。

案例4中,甲某的交付为占有改定,因为其将自己的大卡车卖给乙某后,实际上并未转移该大卡车的占有,大卡车仍然由甲某控制使用,只是在观念上转移给了乙某,交付时间为双方签订买卖合同和租赁协议之时。

买卖合同中的交付,与所有权转移、风险承担、孳息的收取密切相关,应得到足够的重视,其一般原则为:

(1)卖方负责送货的,卖方按照合同的要求将标的物送到指定地点后试为交付;

(2)卖方代办运输或代邮的,卖方办完托运或者邮寄手续时视为交付,所有权随之转移;

(3)买方自提货物,以卖方通知的实际提货日期为交付完成;

(4)标的物在合同订立前为买方占有的,合同生效即视为交付完成;

(5)法律规定必须履行特定手续的,以履行完特定手续为交付,如房产须办理完登记手续才视为交付完成。

##  11.什么是所有权保留条款,它有什么作用

根据《合同法》第133条的规定,一般情况下,标的物的所有权自标的物交付时起转移。但为了保障出卖人能充分实现其收款及其他权利,

法律允许当事人之间以约定的形式来改变所有权转移的时间,《合同法》第134条规定:"当事人可以在买卖合同中约定买受人未履行支付价款或者其他义务的,标的物的所有权属于出卖人。"合同中的这一条款即所有权保留条款,在分期付款和赊销买卖合同中,这一条款比较多见,并且能对出卖人起到很好的保护作用。

**案例:**

甲公司为实现转型升级,打算引进更先进的生产线,2009年5月9日,甲公司与乙公司达成一份新型机器设备的采购意向,但因为流动资金有限,无力一次性支付全款。经过多次协商,甲乙公司确定了该机器设备的总价款为3000万元,甲公司分2年还清,第1个月支付500万,第2个月支付300万,以后每个月支付100万,并且在合同中约定"在甲公司付清总价款前,机器设备的所有权属于乙公司"。新设备投入使用前半年,生产效益不错,甲公司为尽快回收成本,开始加快生产,大量采购原材料,但因市场开发没有跟上,货物囤积严重,经营状况开始恶化。一年后,甲公司因资不抵债申请破产,乙公司得知后立马向清算组申请取回卖给甲公司的机器,但遭到清算组的拒绝,为了维护自己的合法权益,乙公司向法院提起诉讼,要求甲公司返回机器。

**专家解析:**

法院经审理后认为,甲公司和乙公司之间订立的买卖合同合法有效,双方在合同中约定了所有权保留条款,且甲公司的确未安装合同的约定付清机器的价款,因此该机器的所有权仍然属于乙公司,甲公司应返还给乙公司,不能作为破产财产。

本案例中,正是合理地运用了所有权保留条款,乙公司才避免了自己的损失,那么,是不是任何情况下,都能通过所有权保留条款来保护自己呢？答案是不行的,所有权保留制度对买受人形成了很大的制约,因此其行使应严格遵循法律规定,否则将造成滥用,侵害买受人的合法权益。

具体来说,所有权保留应符合以下条件:

只能使用于动产。在不动产买卖中,如房屋买卖中,交易双方不能约定所有权保留条款,即使约定了,也得不到法院的支持;

约定了所有权保留条款,出卖人只有在符合条件的情况下才能取回标的物:a.未按约定支付价款的;b.未按约定完成特定条件的;c.将标的物出卖、出质或者作出其他不当处分的。只要符合其中一个条件,出卖人就可以行使取回权,如果取回的标的物价值显著减少,出卖人还可以要求买受人赔偿损失。

在以下2种情形下,出卖人主张取回标的物的,将得不到法院的支持:a.买受人已经支付标的物总价款的75%以上的;b.标的物已经被第三人善意取得。

出卖人在取回标的物后,并不是立马就能转卖的,这中间还有一个回赎期,在买卖双方约定的或者出卖人指定的回赎期间内,买受人消除了出卖人取回标的物的事由的,可以主张回赎标的物。

如果在回赎期内, 买受人未能消除取回标的物的事由而回赎标的物的话,出卖人就可以另行出卖标的物。但另行出卖所得的价款,应依次扣除取回和保管费用、再交易费用、利息、未清偿的价金,如仍有剩余,应返还原买受人;如有不足,出卖人可以要求原买受人弥补损失,但如果原买受人能提出证据证明另行出卖的价格明显低于市场价格的话,可以拒绝弥补出卖人的损失。

从上边的条件可以看出，所有权保留的行使是相当严格的，但它所能达到的效果也是非常好的，对卖方而言，所有权保留其实是特殊的担保方式，其作用主要有：

标的物的所有权不转移，标的物和标的物的天然孳息可以溯及既往取回，但风险在交付时转移；

标的物的法定孳息和使用费可以适用不当得利规则返还；

除非第三人属于善意取得的情绪，否则即使买受人将标的物转移给了第三人，出卖人也有权追回；

在破产案件中，所有权保留的财产不属于破产财产，出卖人可以直接行使取回权。

**案例：**

2010年9月13日，吴某将自己的一头母牛以8000元的价格卖给张某，双方约定张某在年底之前将钱款付清，付清全款之前母牛的所有权仍归吴某所有，同日，吴某将母牛交给张某。2010年11月2日，该母牛产下一头小牛，张某将其养在家中。2010年11月25日，张某将该母牛以8500元的价格卖给沈某，沈某并不知晓吴某和张某之间的买卖关系和所有权保留条款。年底，张某并未向吴某支付8000元价款，吴某遂将张某起诉至法院，要求行使取回权。法院应如何处理此案？

**专家解析：**

本案例中，吴某和张某约定了所有权保留条款，且张某到期未支付买牛的价款，吴某依法享有标的物的取回权。但现在张某已经将母牛以8500元的价格卖给了沈某，沈某并不知晓吴某和张某之间的所有权保留约定，其在支付了合理价款的前提下已经受领了该头母牛，按照善意取得的规定已经获得了母牛的所有权。所以，吴某无法向沈某要求其返回母牛，只能要求张某将卖牛所得的 8500 元价款返回给自己，并且对于母牛在 2010 年 11 月 2 日产下的小牛，属于母牛的孳息，也属于吴某所有，吴某可以一并取回。

## 12.出卖物的知识产权是否随所有权一并转移

随着科学技术的发展和知识产权制度的完善，负载知识产权的商品越来越多，在买卖该些物品时，买受人在获得物的同时，物品所负载的知识产权是否一并转移呢？《合同法》第 137 条对此作出了明确规定："出卖具有知识产权的计算机软件等标的物的，除法律另有规定或者当事人另有约定的以外，该标的物的知识产权不属于买受人。"这也是不难理解的，因为知识产权转让有其特有法律制度，买受人购买负载知识产权的物品时，其着眼点在于享用该知识产权，而非想将其占为己有，比如读者在购买一本书时，其想法在于阅读书中的内容，而非想购买该书的著作权。当然，如果出卖人对于知识产权具有处分权的话，其也可以与买受人约定在转移标的物所有权的同时转让知识产权。

## 13.出卖人交付辅助单证和资料的义务是否必须 在合同中约定

买卖合同中的单证分为 2 种，一种是提取标的物的单证，是货权转移的凭证；另一种是辅助单证和资料，主要包括：保险单、保修单、普通发票、增值税专用发票、产品合格证、质量保证书、质量鉴定书、品质检验证书、产品进出口检疫书、原产地证明书、使用说明书、装箱单等。与交付提取标的物的单证相比，交付辅助单证和资料属于从给付义务，其目的在于保证合同履行的效果，使买受人能完好全面地获得标的物。《合同法》第 136 条规定："出卖人应当按照约定或者交易习惯向买受人交付提取标的物单证以外的有关单证和资料。"

**案例：**

2007 年 5 月 11 日，甲公司向乙公司采购烘干设备一套，总价款为 33 万元，双方约定甲公司分期付款，合同签订后 3 日内支付 10 万元，设备安装调试完毕后 3 日内再支付 10 万元，余款在 2007 年年底前付清。合同签订后，乙公司于 2007 年 6 月 3 日将烘干设备运到甲公司，并负责安装调试完毕，甲公司按照合同约定支付了前期货款 20 万元。2007 年 10 月，甲公司所在地质量技术监督局对甲公司使用的烘干设备进行了检查，因甲公司无法提供产品合格证和质量保证书，质量技术监督局责令停止使用该套烘干设备。甲公司因此遭受损失近 5 万元，甲公司认为，乙公司在交付设备的同时，应提供全套的相关单证和资料，正是因为乙公司未全面履行该义务，导致了自己的损失，因此要求乙公司尽快交付相关单证和资料，拒绝支付剩余款项，并要求乙公司赔偿自己的损失。乙公司提出，可以尽快交付相关单证和资料，但自己已经履行了交货义务，甲公司无权不支付剩余货款，对于甲公司的损失，自己不承担赔偿责任。甲公司遂将乙公司起诉至法院。

乙公司未履行交付相关单证和资料的义务，是否属于违约行为，甲公司能否以此为由拒绝支付剩余货款？

**专家解析：**

本案例中，乙公司已经按照双方的合同约定交付了烘干设备，履行了自己的基本义务。虽然双方在合同中并未约定乙公司有交付相关单证和资料的义务，但根据交易习惯，相关单证和资料从属于标的物，乙公司当然应履行交付义务。而乙公司却并未履行该义务，属于违约行为，甲公司可以行使先履行抗辩权暂时拒绝支付剩余款项，但在乙公司提供了相关单证和资料后，甲公司还是要按照合同的约定付清货款的。至于甲公司的损失，的确是因为乙公司的违约造成的，甲公司有权要求乙公司承担赔偿责任。

相关单证和资料中，比较重要的还有增值税专用发票和普通发票，收钱给发票，这是法律对经营者的要求。在现实交易中，"先开票后付款"的现象已十分普遍，并似乎成了业内行规铁律，但是，"先票后款"违反了财务制度，这一"行规"正面临法律上的尴尬和风险。《发票管理办法》第三条规定："本办法所称发票，是指在购销商品、提供或者接受服务以及从事其他经营活动中，开具、收取的收付款凭证。"《增值税专用发票使用规定》第七条规定："专用发票一式四联，第二联为发票联，购货方作付款的记账凭证。"

**案例：**

吴某经常到李某的餐厅消费，每次消费 100 元——500 元不等，为了省事，吴某提出是否可以先记账，一个月结算一次，李某考虑到吴某是常客，就同意了。以后每到月底，吴某就来结一次账，李某就向吴某开具当月的普通发票。2012 年 6 月底，吴某来到李某的餐厅说，这个月的消费额不高,能否并到下个月结算,但发票还是要先开给,自己可以到单位报销,李某同意。2012年7月底,吴某来结算当月的消费,李某计算了一下,7月消费6800元,加上6月份的消费2000元,一共是8800元。吴某提出,6月份的消费已经结算完毕,发票都开了,不应再次结算。双方争执不下,起诉到法院。

吴某能否以李某已经开具了普通发票为由证明自己履行了付款义务?

**专家解析:**

本案例中,吴某和李某直接形成了一个不成文的约定,即吴某付完钱,李某开具普通发票,一来二去已经形成了习惯。但偏偏6月份没有按照该习惯来执行,按照《最高人民法院关于审理买卖合同纠纷案件适用法律问题的解释》第8条第2款的规定:"合同约定或者当事人之间习惯以普通发票作为付款凭证,买受人以普通发票证明已经履行付款义务的,人民法院应予支持,但有相反证据足以推翻的除外。"如果李某其他证据证明吴某未支付6月份的款项,那么法院将认定吴某已经付款。这对李某是非常不利的,因此对于这种长期交易中所形成的习惯,应保持谨慎的态度,因为它很有可能被用来当证据使用,一旦某次交易违反了双方之间的习惯,应以书面形式加以确认,这样即使以后出现纠纷,也可以拿来对抗习惯。另外,根据《最高人民法院关于审理买卖合同纠纷案件适用法律问题的解释》第8条第1款的规定:"出卖人仅以增值税专用发票及税款抵扣资料证明其已履行交付标的物义务,买受人不认可的,出卖人应当提供其他证据证明交付标的物的事实。"可以看出,以增值税专用发票及税款抵扣资料证明已经履行交付标的物义务的,只有在买受人认可的情况下才行得通,但一旦出现纠纷,买受人一般是不会认可的,因此对于出卖人来讲,履行了交付义务后,一定要做确认,最好是让买受人签收。对于一些已经形成"行规"的行业,如果买方坚持要"先开票后付款",那么,卖方如何在交易中既尊重习惯,又不致遭遇风险呢? 对此,我们建议:

(1)订立完善的买卖合同,并在买卖合同中约定:"卖方在货物发出同时开具足额增值税发票,买方应在收货后以支票、汇票、电汇等非现金方式支付货款,不以现金结算"。这样,买方如果仅凭发票则不足以证明其已经付款,其还应提供其他付款凭证予以佐证。或者直接在合同中约定付款方式为先开发票后付款。

(2)若买方未付款先收票,可在双方的发票上备注"货款未付",待收回货款后,再由卖方出具收款证明。

(3)若买方未付款先收票,可在买方索取发票时,要求收票人出具收件收据,并在收件收据上注证明:"今收到×××号发票,票面货款未付"。

## 14.买卖合同中标的物风险转移的时间

买卖合同中标的物风险是指买卖合同履行过程中, 因不可归责于当事人的事由(如不可抗力;意外事件;第三人侵权等)发生标的物意外毁损、灭失造成的损失风险。

买卖合同标的物风险承担采取以交付主义为原则、以违约人承担风险为补充原则。

（1）交付主义：

A.标的物毁损、灭失的风险,交付之前由出卖人承担:仅指标的物本身的交付;辅助单证交付与否不影响交付效力及风险转移(即出卖人按照约定未交付有关标的物的单证和资料的,不影响标的物毁损、灭失风险的转移)。

B.交付之后由买受人承担。

C.法律另有规定或者当事人另有约定的除外。

**案例：**

2012年3月21日,甲某将自己的母牛卖予乙某,价款为1万元,双方约定乙某于3月25日付清全款后将牛牵走。3月23日,甲某家牛棚因大风突然倒塌,母牛被压死。母牛被压死的损失应由谁承担?

**专家解析：**

本案例中,甲乙双方于3月21日订立买卖合同,但双方约定的交付时间为3月25日,即母牛被压死之前,尚未完成交付,按照《合同法》第142条的规定:"标的物毁损、灭失的风险,在标的物交付之前由出卖人承担,交付之后由买受人承担,但法律另有规定或者当事人另有约定的除外。"母牛被压死的损失应由出卖人甲某承担。

本案例中,甲乙双方约定的交付方式为现实交付,即甲某应在3月25日将母牛实际交给乙某占有控制。但如果双方约定另一种交付方式——占有改定,即如果甲乙双方约定:"母牛自3月21日起交付给乙某,由甲某代为饲养至3月25日",那么甲某在3月21日即完成交付,3月21日后的风险应有乙某承担。

另外，甲乙双方也可以认为地约定风险转移时间，虽然约定3月25日为交付时间，但甲某为了避免遭遇不测，可以约定"母牛于3月25日交付给乙某，但风险自3月21日起转移至乙某"，这样的话，母牛在3月23日被压死的损失就要由乙某承担了。乙某应按照约定在3月25日支付甲某牛款1万元，但因母牛已经被压死，乙某只能拿走母牛的尸体。

（2）违约人承担风险补充原则：

A.因买受人的原因致使标的物不能按照约定的期限交付：买受人应当自违反约定之日起承担标的物毁损、灭失的风险。

B.出卖人按照约定或者依法将标的物置于交付地点，买受人违反约定没有收取：标的物毁损、灭失的风险自违反约定之日起由买受人承担。

C.买受人因出卖人构成根本违约而拒收标的物：标的物毁损、灭失的风险由出卖人承担。

**案例：**

王某在A县从事水果批发生意，张某在B县从事杨梅种植，6月3日，王某与张某达成一份杨梅买卖合同，双方约定张某在7月3日向王某提供杨梅1000斤，单价10元/斤，王某上门提货，张某应保证提供的杨梅属于自家种植的杨梅，并保证其质量。王某在签订合同后即回到A县。张某在签订后，即开始备货，等到7月3日，王某准备好1000斤杨梅等着王某来提取。但直到7月4日中午，王某还没有来提货，因天气炎热，1000斤杨梅中不少已经出现变质。7月4日下午，王某前来提货，但查看后发现只有900斤杨梅符合要求，剩下100斤都已经变质了，因此王某只同意支付 900 斤杨梅的货款。张某不同意,双方起诉到法院。

法院经审理后认为,杨梅属于易变质水果,因变质导致的毁损属于不可抗力,应按照风险承担的原则来确定损失由谁承担。王某和张某约定在 7 月 3 日提货,张某按照约定在 7 月 3 日备好了杨梅,但王某却没有按时提取,因此属于王某违约。

**专家解析:**

按照《合同法》第 143 条的规定:"因买受人的原因致使标的物不能按照约定的期限交付的,买受人应当自违反约定之日起承担标的物毁损、灭失的风险。"自 7 月 3 日起,杨梅变质损坏的损失应由王某承担,王某应支付全部 1000 斤杨梅的价款。

**案例:**

夏某在 A 县从事水果批发生意,于某在 B 县从事西瓜种植,5 月 16 日,夏某与于某达成一份西瓜买卖合同,双方约定于某在 6 月 23 日向王某提供西瓜 1000 斤,单价 2 元 / 斤,于某送货上门,保证提供的西瓜属于自家种植的西瓜,并保证其质量。夏某在签订合同后即回到 A 县。于某在签订后,即开始备货,等到 6 月 23 日,于某准备好 1000 斤西瓜送到夏某的水果批发店。但夏某并没有及时收货,因天气炎热,1000 斤西瓜中不少已经出现变质。待下午夏某收货时,发现只有 900 斤西瓜符合要求,剩下 100 斤都已经变质了,因此夏某只同意支付 900 斤西瓜的货款。于某不同意,双方起诉到法院。

**专家解析:**

本案例中,夏某和于某约定由于某送货上门,在于某按照合同的约定将 1000 斤西瓜送到王某的水果批发店时，夏某应及时安排接货，但其并没有做到这一点。按照《合同法》第 146 条的规定："出卖人按照约定或者依照本法第一百四十一条第二款第二项的规定将标的物置于交付地点，买受人违反约定没有收取的，标的物毁损、灭失的风险自违反约定之日起由买受人承担。"100 斤西瓜的损失应由夏某承担，夏某应支付全部 1000 斤杨梅的货款。

**案例：**

2012 年 3 月 21 日，甲某向某农场乙某购买奶牛 2 头，价格为 3 万元，双方约定由乙某负责将 2 头奶牛运送至甲某家中。2012 年 3 月 25 日，乙某按照约定将 2 头奶牛送到甲某家中，甲某请来畜牧站的工作人员对 2 头奶牛进行检验，检验后发现 2 头奶牛均无子宫，不但不能生育，还不能泌乳，评估价格为 1 万 2 千元。甲某认为自己买奶牛的目的就是产奶，现在 2 头奶牛没有泌乳能力，因此拒绝接收。乙某认为 2 头奶牛是甲某自己挑中的，现在自己已经负责将 2 头奶牛送到了甲某家中，甲某应该按照合同约定接收并支付价款。两人争执不行，乙某只能将 2 头奶牛先寄养在畜牧站。当晚，畜牧站失火，2 头奶牛被烧死。甲乙两人得知后赶到现场，乙某提出同意甲某按评估价格支付购牛款，甲某不同意，认为现在牛都已经不在了，自己当然不能付钱。乙某提出，正是因为甲某不按合同约定接收 2 头奶牛，自己不得已才寄养到畜牧站的，现在牛出了意外，损失应该由甲某承担。双方争执不下，起诉至当地法院。法院该支持谁的说法？

**专家解析：**

本案例中，乙某按照甲某的要求将 2 头奶牛送至甲某家中，但其送来的 2 头牛没有子宫,不能生育,更不能泌乳,无法达到甲某购买该 2 头奶牛的目的,根据《合同法》第 148 条:"因标的物质量不符合质量要求,致使不能实现合同目的的,买受人可以拒绝接受标的物或者解除合同。买受人拒绝接受标的物或者解除合同的,标的物毁损、灭失的风险由出卖人承担。"甲某有权拒绝接受 2 头奶牛,该 2 头奶牛因畜牧站失火而被烧死的风险应由出卖人乙某承担。

(3)在途货物风险承担:出卖人出卖交由承运人运输在途标的物,毁损、灭失的风险自合同成立时起由买受人承担;当事人另有约定除外。

**案**例:

2012 年 7 月 9 日,杨某在新疆采购了 10000 斤哈密瓜运往江苏南京。汽车出发后,杨某于 2012 年 7 月 13 日将该 10000 斤哈密瓜卖给南京一家大型水果批发市场的郑某,双方签订买卖合同。2012 年 7 月 16 日,杨某得知运送哈密瓜的车子在路上发生交通事故,哈密瓜被沿路的村民洗劫一空,杨某将该消息告知郑某,郑某称自己未收到标的物,因此拒绝支付货款。杨某认为自己已经将在途的哈密瓜交付给郑某了,现在哈密瓜被抢,该损失应该由郑某承担,郑某无权拒付货款,于是将郑某起诉至法院。杨某的理由是否合理?

**专**家解析:

本案例中,杨某和郑某签订买卖合同时,杨某实际上并不占有控制该 10000 斤哈密瓜,哈密瓜实际上处于运输单位的控制之下,但杨某作为托运人,有权要求运送单位交付该 10000 斤哈密瓜或交付给自己指定的第三人。现在杨某和郑某签订买卖合同,实际上杨某已经以指示交付的形式将哈密瓜交付给了郑某,根据《合同法》第144条的规定:"出卖人出卖交由承运人运输的在途标的物,除当事人另有约定的以外,毁损、灭失的风险自合同成立时起由买受人承担。"在7月13日的时候,哈密瓜毁损、灭失的风险就转移给了郑某,因此本案例中,郑某应该承担损失,支付杨某全部货款。

在途货物的风险自合同成立时起由买受人承担,但有2个例外情形:

A.合同成立时,货物已经毁损、灭失,并且出卖人知道或者应当知道而没有告诉买受人的,买受人不承担该损失。

B.当事人之间另有约定,即买受人为了降低自己的风险,在购买在途货物时,可以与出卖人明确约定:"货物在途风险由出卖人承担"。

交付地点不明,标的物需要运输的:出卖人将标的物交付给第一承运人后,标的物毁损、灭失的风险由买受人承担。

**案例:**

甲公司与乙公司签订一份买卖合同,由甲公司向乙公司采购一批货物,乙公司代办运输,双方对交货地点未做明确约定。2012年8月19日,乙公司将该批货物交给丙运输公司,由其负责安排船舶运输至甲公司所在地,乙公司将丙公司船期等信息及时通知了甲公司。2012年8月22日,丙公司运输该批货物的船舶发生意外沉没,该批货物全部灭失。甲乙公司对该损失的承担发生争执,起诉至法院。该损失应由谁承担?

**专家解析:**

本案例中,因甲乙双方对交货地点未作明确约定,也未达成补充协议,只是约定了由乙公司代办运输,因此根据《合同法》第 141 条的规定,属于标的物需要运输的情形,出卖人乙公司只要将标的物交付给第一承运人即视为交货完毕。关于标的物毁损、灭失的风险承担,应按照《合同法》第 145 条的规定:"当事人没有约定交付地点或者约定不明确,依照本法第一百四十一条第二款第一项的规定标的物需要运输的,出卖人将标的物交付给第一承运人后,标的物毁损、灭失的风险由买受人承担。"所以,本案例中的损失应由买受人甲公司承担。

这里所讲的"标的物需要运输",是指标的物由出卖人负责办理托运,承运人系独立于买卖合同当事人之外的运输业者的情形。

标的物风险的转移和交付方式密切相关,不同的交付方式,风险转移的时间点不同,那么如何确定交付和买卖合同标的物风险转移之间的关系呢?

现实交付时标的物风险转移按照以下规则确定:

送货上门:货交买受人处完成交付,标的物风险同时转移;

上门提货:货送出出卖人处完成交付,标的物风险同时转移;

代办托运:指由出卖人代理买受人与承运人订立运送合同,买受人承担运费的交付方式。出卖人将货物交付给第一承运人时完成交付,标的物风险同时转移。

观念交付时标的物风险转移按照以下规则确定:

(1)指示交付:交付标的物提取单证"物权凭证"时完成交付,标的物风险同时转移;

(2)简易交付:合同成立、合同生效、交付完成、所有权转移、风险转移一并发生;

(3)占有改定:指标的物不实际过手(出卖人直接占有;买受人间接

占用)的所有权转移方式。占有改定交付方式包含两个合同,第一个合同为买卖合同,第二个合同为借用、保管合同,这两个合同一般同时签订,此时所有权、风险一并转移给出卖人。

## 15.标的物为种类物的,风险承担有何不同

买卖合同中,当标的物为特定物时,可以根据风险承担的一般原则来判定风险是由买受人承担还是出卖人承担,但如果标的物为种类物时,如果没有将其特定化,即使发生了货物毁损、灭失的风险,也难以判断遭受损失的货物是否就是属于买卖合同的标的物。因此,《最高人民法院关于审理买卖合同纠纷案件适用法律问题的解释》第14条规定:"当事人对风险负担没有约定,标的物为种类物,出卖人未以装运单据、加盖标记、通知买受人等可识别的方式清楚地将标的物特定于买卖合同,买受人主张不负担标的物毁损、灭失的风险的,人民法院应予支持。"

例:

甲公司向乙公司采购钢坯2000吨,材质为Q195,规格160*220*6.6M,双方对交货期和交货地点没有明确约定,只是约定了由乙公司安排运输至甲公司所在地A市。2012年9月15日,乙公司委托丙运输公司将5000吨钢坯运至A市,材质全为Q195,规格160*220*6.6M,其中2000吨就是用来交付给甲公司的。2012年9月20日,丙公司负责运输的船舶发生意外沉没,乙公司托运的5000吨钢坯全部灭失。乙公司主张其中2000吨的损失应该由甲公司承担,但甲公

司提出自己并不知道该 5000 吨货物中用于交付给自己的 2000 吨钢坯,因此不同意承担损失。双方争执不下,起诉至法院。

法院应支持谁的主张?

**专家解析:**

本案例中,甲乙公司之间达成的买卖合同,标的物为种类物,即难以特定化区分的货物,并且双方对交货地点没有明确约定,对风险负担也无约定。按照一般原则,货物需要运输的,在出卖人将货物交付第一承运人以运至买受人风险即转移至买受人。但本案中,标的物为种类物,且乙公司没有通过装运单据、加盖标记的方式明确其中有 2000 吨钢坯是用于履行与甲公司的买卖合同。另外,在双方没有明确约定交货时间的情况下,乙公司也没有通知甲公司自己于 9 月 15 日委托丙公司的船舶运输 2000 吨钢坯用于交货,在这种情况下,很难判定该 5000 吨货物中的 2000 吨是用于交付给甲公司的,因此,甲公司可以根据《最高人民法院关于审理买卖合同纠纷案件适用法律问题的解释》第 14 条规定拒绝承担损失。

本案例提醒我们,当交付的标的物为种类物时,作为出卖人,一定要将货物通过一定的方式特定于某个合同项下,并且及时通知买受人,这样才能及时将风险转移出去,降低自己可能承担的风险。

## 16.标的物风险承担与违约责任的关系

标的物风险转移至买受人后,一旦发生风险导致货物毁损、灭失,该损失应由买受人自行承担,与出卖人无关。但如果出卖人在履行合同义务过程中存在违约行为,则仍然应该承担相应的违约责任。

**案例:**

甲公司与乙公司签订一份买卖合同,由甲公司向乙公司采购一批货物,共计500吨,单价3000元/吨,双方约定乙公司应在2012年9月12日备好货物,由甲公司自行委托运输单位运输。2012年9月12日,甲公司按照合同约定委托丙公司的车队来到乙公司所在地提货,但乙公司却告知货物尚未准备妥当,需要再等1天。9月13日,乙公司备妥货物后交给丙公司的运输车队。9月15日,丙公司的运输车队在运输途中遭遇特大暴雨,导致部分货物被雨水浸湿。9月23日,全部货物运抵至甲公司,甲公司经检查发现,被雨水浸湿部分货物已经无法正常使用,共计20吨,每吨折价在1000元左右。并经质量检测发现,乙公司交付的货物质量不达标,按照合同要求应降价按2800元/吨处理。同时,甲公司要求乙公司承担丙公司车队等候1条的误工费2000元,因此甲公司支付乙公司货款1362000元。乙公司不同意甲公司的算法,认为雨水浸湿部分也应按照2800元/吨支付,遂将甲公司起诉至法院。法院会如何判决?

**专家解析:**

本案例中,双方并未明确约定交货地点,只是约定了货物由甲公司委托运输单位运输,因此属于标的物需要运输的情形,标的物毁损、灭失的风险自出卖人交付给第一承运人转移至买受人,因此,本案例中货物被雨水浸湿的损失应由乙公司承担。但本案例中,甲公司存在2处违约的地方,一是未按时备妥货物,导致乙公司多支付了2000元误工费用;二是交付的货物质量不符合合同约定。根据《合同法》第149条的规定:"标的物毁损、灭失的风险由买受人承担的,不影响因出卖人履行债务不符合约定,买受人要求其承担违约责任的权利。"因此,乙公司应承担 2000 元的误工费用,及按照约定对货物降价处理。因此甲公司实际应支付的款项为 500×2800—2000=1398000 元。

## 17.买卖合同中出卖人的权利瑕疵担保义务

权利瑕疵担保义务,是指出卖人就标的物有担保第三人不向买受人追夺或主张其他权利的义务。权利瑕疵是指出卖人对买卖标的没有所有权或处分权,或者标的物上存在买受人不知道的权利负担,主要包括以下几种情况:

出卖人对标的物没有所有权,此种情况下,出卖人处分他人之物,买卖合同效力待定,只有在所有权人追认或出卖人获得所有权后,买受人才能获得标的物的所有权,当然,如果买受人符合善意取得的构成要价的话,则可以对抗所有权。

出卖人是所有权人,但其处分权收到了限制,主要包括受担保物权的限制,如抵押权、质权、留置权等;受优先权的限制,如出租人出卖出租房屋时,承租人在同等条件下享有优先购买权,如果出租人没有提前出租人而将出租房屋卖掉,那么该处分行为即存在瑕疵,承租人有权请求该行为无效;受共有的限制,如果一个财产为共有财产,那么处分该财产时,应取得其他共有人的同意。

出卖行为构成对他人知识产权的侵犯,如果买卖合同的标的物侵犯了他人的专利权、商标权、著作权,那么买受人很有可能就会被知识产权的所有者追究侵权责任。

案例:

2011年9月13日,甲某与乙某签订《买卖协议》,约定甲某向乙某购买木材加工设备一套,成交价35万元,甲某在签订合同后支付定金1万元,设备交付后支付14万元,剩余价款交付设备后的第二个月起,每月支付1万元,直至付清为止。2011年9月20日,乙某将该木材加工设备交付甲某,甲某支付相应款项。2012年3月,甲某得知乙某已经将该套设备抵押给了丙某,乙某的处分行为并未征得丙某的同意,甲某于是中止付款。乙某要求甲某继续付款,认为虽然设备抵押给了丙某,但丙某并未向甲某主张权利,自己已经将设备交付给了甲某,甲某应该付清剩余款项。双方争执不下,起诉至法院。

法院将支持谁的意见?

专家解析:

本案例中,乙某将已经抵押给丙某的设备又卖给了甲某,根据《物权法》第191条的规定:"抵押期间,抵押人未经抵押权人同意,不得转让抵押财产,但受让人代为清偿债务消灭抵押权的除外。"因此,甲某与乙某之间的买卖标的物是存在权利瑕疵的,根据《合同法》第150条的规定:"出卖人就交付的标的物, 负有保证第三人不得向买受人主张任何权利的义务,但法律另有规定的除外。"以及《合同法》第152条的规定:"买受人有确切证据证明第三人可能就标的物主张权利的, 可以中止支付相应的价款,但出卖人提供适当担保的除外。"买受人甲某是可以中止付款的,此时乙某可以提供适当的担保,否则,应在丙某的抵押权消灭后再要求甲某支付剩余款项。

应该注意的是,根据《合同法》第 151 条的规定:"买受人订立合同时知道或者应当知道第三人对买卖的标的物享有权利的, 出卖人不承担本法第一百五十条规定的义务。"即如果本案中,甲某明知乙某已经将设备抵押给了丙某,仍然选择购买的话,乙某就不负担权利瑕疵担保义务,甲某也就无权中止付款了。

**案例:**

张二和张三是兄弟关系,两人的父母死后留给他们 4 间房屋,但两人一直未分家。2010 年 8 月,隔壁村的李四找到张三,希望买下他和张二的一间房屋,张三称自己和哥哥还未分家,要回去和哥哥商量了才能定。2010 年 9 月,李四又找到张三询问是否可行,张三称张二常年在外打工,要等过年才能回来,李四称如果张三愿意,他可以适当加价,并且反正他们有 4 间房屋,即使现在分家,张三也能分到 2 间,卖掉一间没什么大不了的。张三经不住李四的死缠烂打就同意了,双方签订了买卖合同并当场交清了全部房款。年底,张二回来后得知张三把房子卖掉了一间,当即表示不同意,找到李四要求李四搬出去。李四此时提出,既然张三把房子卖给了自己,应该保证张二不会来找自己的麻烦,要求张三去做张二的工作。但张二始终不同意,并将李四起诉至法院。

李四是否有权要求张三承担权利瑕疵担保义务?

**专家解析:**

本案例中,张三明确告知了李四,自己和张二并未分家,要卖房子需要征得张二的意见,但李四自己硬要先买下,因此根据《合同法》第 151 条的规定, 李四在订立合同时明知张二可能回来向自己主张权利而愿意继续履行与张三之间的买卖合同,现在张二向其主张权利,李四没有权利要求张三承担权利瑕疵担保义务,只能将房屋退还张二和张三,但可以要求张三返回全部房款。

 **18.买卖合同中出卖人物的瑕疵担保义务**

物的瑕疵担保义务,是指出卖人担保其所交付的标的物符合买卖合同的约定或者法律规定的品质、价值和效用,不存在物的表面瑕疵或者隐蔽瑕疵所负的义务。《合同法》第153条规定:"出卖人应当按照约定的质量要求交付标的物。出卖人提供有关标的物质量说明的,交付的标的物应当符合该说明的质量要求。"如果出卖人未尽到该义务,则应该按照《合同法》第155条的规定承担物的瑕疵责任:"出卖人交付的标的物不符合质量要求的,买受人可以依照本法第一百一十一条的规定要求承担违约责任。"如果双方对违约责任有明确约定的,则按约定执行;没有约定的,买受人可以要求出卖人承担修理、更换、重做、退货、减少价款或者报酬的违约责任。

物的瑕疵担保义务主要包括以下3点:

A. 质量瑕疵担保责任的条件包括质量瑕疵于标的物交付时存在;买受人不知道标的物有质量瑕疵;买受人就受领之物已经进行检验,并通知了出卖人。

B.因标的物质量不符合质量要求,致使不能实现合同目的:买受人可以拒绝接受标的物或者解除合同;买受人拒绝接受标的物或者解除合同的,标的物毁损、灭失的风险由出卖人承担。

C.其他违反质量瑕疵担保义务的,出卖人承担不适当履行的违约责任。

案例:

甲某到某家具店购买了一个衣柜,回家后发现衣柜的侧面有一处凹陷,虽然不影响使用,但影响美观,于是甲某要求家具店要么修复要么退还 100 元货款。甲某的要求是否合理?

甲某的要求是合理的,家具店作为出卖人,应该对自己出售的标的物承担瑕疵担保义务,但出现瑕疵时,如果导致买受人合同目的不能实现的,即无法正常使用的,出卖人应负责退货;如果仅是一般的瑕疵,出卖人应承担修理、降价或者赔偿损失的责任。

## 19.买受人收到标的物后如何检验

检验是买受人对标的物的数量、质量等进行的检查。检验是买受人的权利,而按照约定的时间检验及时检验则是买受人的义务。检验的目的是查明出卖人交付的标的物是否与合同的约定相符, 因此它密切关系着买受人的合同利益。对标的物的及时检验,可尽快地确定标的物的质量状况,明确责任,及时解决纠纷,有利于加速商品的流转。否则,就会使合同当事人之间的法律关系长期处于不稳定的状态, 不利于维护健正常的交易秩序。因此,合同法规定,买受人收到标的物时应当在约定的检验期间内检验。没有约定检验期间的,应当及时检验。《合同法》

第157条规定:买受人收到标的物时应当在约定的检验期间内检验。没有约定检验期间的,应当及时检验。并且经检验后,如果发现标的物数量或质量有不符合合同约定的情形,应按照《合同法》第158条的规定通知出卖人:

当事人约定检验期间的,买受人应当在检验期间内将标的物的数量或者质量不符合约定的情形通知出卖人。买受人怠于通知的,视为标的物的数量或者质量符合约定。

当事人没有约定检验期间的,买受人应当在发现或者应当发现标的物的数量或者质量不符合约定的合理期间内通知出卖人。买受人在合理期间内未通知或者自标的物收到之日起两年内未通知出卖人的,视为标的物的数量或者质量符合约定,但对标的物有质量保证期的,适用质量保证期,不适用该两年的规定。

出卖人知道或者应当知道提供的标的物不符合约定的,买受人不受前两款规定的通知时间的限制。

综上,买受人收到标的时的检验义务分为买卖合同有约定检验期间和没有约定检验期间两种情形。

(1)买卖合同有约定检验期间的情形:

A.买受人收到标的物时应当在约定的检验期间内检验;

B.买受人应当在检验期间内将标的物的数量或者质量不符合约定的情形通知出卖人;

C.买受人怠于通知的,视为标的物的数量或者质量符合约定,但出卖人知道或者应当知道提供的标的物不符合约定的除外。

**案例:**

甲公司向乙公司购买加工设备一套,双方签订书面买卖合同,对加工设备的质量进行了明确的规定，并约定了检验期间和质量异议期："甲公司应在收到加工设备后 3 日内进行调试检验，检验后如发现任何质量问题，应在 5 日内通知甲公司"。2012 年 9 月 12 日，乙公司将加工设备交付甲公司，甲公司安排工作人员在 9 月 13 日即对该加工设备进行了调试检验，但直到 9 月 22 日，甲公司才通知乙公司说加工设备存在质量问题，要求退货。乙公司认为按照双方签订的买卖合同，该套加工设备已经过了质量异议期，甲公司无权以质量问题要求退货。双方协商不成，起诉到法院。

甲公司在质量异议期经过后通知乙公司说加工设备存在质量问题，是否可行？

**专**家解析：

本案例中，甲公司和乙公司之间明确约定了检验期间和通知质量异议的期间，因此应该按照约定的期间执行。甲公司在 9 月 13 日即对加工设备进行检验，符合合同约定的期限要求，但其知道 9 月 22 日才通知乙公司说加工设备存在质量问题，已经超出了 5 天的质量异议期限，原则上不产生异议的法律效果。因此，甲公司无权以质量问题要求乙公司承担退货责任。如果甲公司认为双方约定的质量异议期过短，根本来不及检验加工设备是否合格，则可以根据《最高人民法院关于审理买卖合同纠纷案件适用法律问题的解释》第 18 条的规定："约定的检验期间过短，依照标的物的性质和交易习惯，买受人在检验期间内难以完成全面检验的，人民法院应当认定该期间为买受人对外观瑕疵提出异议的期间，并根据本解释第 17 条第 1 款的规定确定买受人对隐蔽瑕疵提出异议的合理期间"要求重新确定质量异议期限，如果最终法院确定的质量异议期限延长至 9 月 22 日甚至更后,则甲公司所提的质量异议就是有效的。

(2)买卖合同当事人没有约定检验期间的情形:

A.买受人应当"及时"检验:及时检验是指按实际情况可能的最短时间内检验;

B.买受人应当在发现或者应当发现标的物的数量或者质量不符合约定的"合理期间"内通知出卖人;

C.买受人怠于通知视为标的物的数量或者质量符合约定,但出卖人知道或者应当知道提供的标的物不符合约定的除外:

①买受人在合理期间内未通知出卖人;

②或者买受人自标的物收到之日起两年内未通知出卖人的;

③或者对标的物有质量保证期的,买受人在质量保证期内(不适用该两年的规定)未通知出卖人。

**案例:**

2012 年 5 月 20 日,甲公司向乙公司采购 5000 吨钢材,双方约定乙公司在 6 月 3 日将货物送至甲公司工厂, 但未约定检验期间和质量异议期。6 月 3 日,乙公司按照合同约定将 5000 吨钢材送至甲公司工厂,甲公司工作人员在送货单上签收,送货单上写明了货物品名、规格和数量。因工厂检修,甲公司一直未使用该 5000 吨钢材,直到 8 月 12 日,甲公司在使用该批钢材的时候发现存在质量问题,并且数量也有短缺,于是要求乙公司负责退换货。乙公司认为早就过了检验期间了,甲公司没有及时检验货物,应该视为自己交付了合格的货物,并且甲公司已经付清了全部货款,可以认为其对货物的数量和质量不存在异议,因此不同意甲公司的要求。甲公司无奈之下,将乙公司起诉至法院。

本案中检验期间和质量异议期应如何确定?

**专家解析:**

本案例中,甲公司和乙公司并未就检验期间和质量异议期达成明确约定,因此根据《合同法》第157条的规定"及时检验",若发现存在质量问题,应按照《合同法》第158条第2款的规定,在"合理期间"内通知乙公司。对于这个"合理期间",应该有法院根据当事人之间的交易性质、交易目的、交易方式、交易习惯、标的物的种类、数量、性质、安装和使用情况、瑕疵的性质、买受人应尽的合理注意义务、检验方法和难易程度、买受人或者检验人所处的具体环境、自身技能以及其他合理因素,依据诚实信用原则进行判断。但不管合理期间多长或者是否能够确定,甲公司都应该在收到标的物后2年内通知乙公司其产品存在质量问题,否则将视为乙公司所交付的标的物符合合同约定,除非乙公司对所交付的标的物有质量保证期,此时应按照质量保证期的时间来确定甲公司提质量异议的期间。

对于本案例中的数量异议,应甲公司已经签收了注明货物品名、规格、数量的送货单,因此除非有其他证据证明乙公司交付的货物存在短缺,否则应认定甲公司已经对货物的数量和外观进行了检验,并认可了乙公司已经交付了合同约定数量的货物。

对于乙公司提出的,以甲公司已经付清全部货款为由主张甲公司不存在数量、质量异议的说法,是得不到法律的支持的。《最高人民法院关于审理买卖合同纠纷案件适用法律问题的解释》第19条规定:买受人在合理期间内提出异议,出卖人以买受人已经支付价款、确认欠款数额、使用标的物等为由,主张买受人放弃异议的,人民法院不予支持,但当事人另有约定的除外。

(3)检验费用的负担

买受人对收到的标的物可以亲自检验,也可以委托商检机构或者其他有检验资质的机构、单位进行检验,对于产生的检验费用,《合同法》没有规定,一般按照以下规则确定:

A.由买卖双方约定负担;

B.没有约定的,按照检验结果确定检验费用负担:标的物检验合格的,由买受人承担检验费用;标的物检验不合格的,作为损失由出卖人赔偿检验费用。

**案例:**

甲公司向乙公司采购500吨铁精粉,双方签订了书面买卖合同,并对铁精粉的质量指标做了明确约定。乙公司交货后,甲公司自行经过自行抽检,觉得乙公司交付的货物不符合合同约定,于是将委托检验机构SGS重新做检验,经检测,的确未达到合同约定的指标。乙公司对于SGS的检验结果予以承认,但对于SGS的检验费用,甲乙公司之间无法达成共识,因买卖合同对此未作明确约定,双方一直争执不下,遂起诉到法院。

本案例中,应由谁来承担检验费用?

**专家解析:**

本案例中,经SGS检验,乙公司交付的货物不符合合同约定,因此乙公司应承担该笔检验费用。如果乙公司交付的货物合格,甲公司在自行检测后就会予以认可,也就不会再去委托SGS来检验,也就不会产生这笔检验费了,因此应该由违约方乙公司承担。

## 20.出卖人多交了货物，买受人应如何处理

货物的数量是衡量当事人权利义务多少或者大小的一个尺度，如果没有规定数量，一旦发生纠纷就很难分清双方的责任。因此当事人签订买卖合同时，应当明确约定买卖的货物数量，如无法确定，也应约定好数量的计算方式。在买卖合同实务中，有的当事人因对标的物的数量约定不是很明确，从而导致买卖双方发生分歧，比如说用"一车"、"一批"等字眼。再有，最好双方在签订合同时就将标的物超出约定数量或少于约定数量的情况作出明确处理约定。

一般情况下，出卖人应该按照合同约定的数量交付标的物，如果交货数量少于合同约定数量，则应承担违约责任。但如果其交付的货物数量超过合同约定的数量，买受人应如何处理呢？

**案例：**

甲某开了家童装店销售童装，每次都从 A 市某批发市场进货。2012 年 9 月 15 日，甲某到该批发市场挑选儿童冬装，在乙某处看中了一款，价格也谈得笼，于是甲某当即订了 500 套，每套价格 80 元，交货地为甲某的童装店，货到付款。2012 年 9 月 17 日，乙某安排快递公司将甲某看中的童装运到甲某的童装店，甲某清点数量后，发现乙某发了 1000 套童装给他。甲某觉得自己只能销售掉 500 套，但既然是人家超发的，就先放着，因自己的店面较小，只能将多发的 500 套寄存在仓库。9 月 17 日，甲某按 500 套的数量将 4 万元货款打给乙某，乙某在查账后认为甲

某少打了一半的钱,甲某此时提出自己只订购了500套,剩余500套不需要,希望乙某尽快取回。2012年9月27日,乙某派人来将500套童装取回,产生仓库仓储费用200元由甲某垫付,甲某要求乙某返回。

本案例中,甲某的处理是否妥当?

家解析:

甲某的处理是比较妥当的,在出卖人多交货物的情况下,买受人有2个选择:

(1)买受人可以接收多交的部分,并按照合同价格支付价款;

(2)买受人可以拒绝接收多交的部分;但是应当及时通知出卖人。

如果买受人拒绝接收多交部分标的物的,可以代为保管多交部分标的物,保管期间产生的合理费用,可以要求出卖人承担。对于保管期间的损失,除非是买受人故意或重大过失导致的,一般应由出卖人自行承担。

本案例中,如果甲某认为自己可以销售掉全部1000套童装,那么他可以选择接受乙某多交的货物,并按照80元/套的价格支付1000套童装的货款;如果甲某选择拒绝接受多发的童装,那么他应该及时通知乙某,以便乙某及时取回超发的货物,在乙某取回之前,甲某应代为保管,对于因保管产生的费用,应由乙某承担,因此本案例中的仓储费200元应由乙某承担。


## 21.买卖合同中标的物的孳息归属如何确定

孳息是指原物所产生的新物,分为天然孳息和法定孳息,天然孳息

是指依自然规律所产生的物,如母鸡下的鸡蛋、果树上摘下的果实;法定孳息是指根据法律关系产生的物,如存款所产生的利息、房屋出租所得的租金等。根据《合同法》第163条的规定:标的物在交付之前产生的孳息,归出卖人所有,交付之后产生的孳息,归买受人所有。一般情况下,交付作为所有权转移的界限,将其作为孳息转移的界限符合孳息归所有权人的一般原则。但在所有权保留的情况下,虽然标的物已经交付,但所有权并未转移,此时买受人虽然有权收取孳息,但其并不能当然获得该孳息的所有权,孳息与原物一样,同样处于所有权保留状态,当买受人付清全款或完成其他条件后,原物与孳息的所有权一并转移至买受人;而当买受人不能付清全款或有其他理由导致出卖人行使取回权时,出卖人不但可以取回原物,还可以将孳息一并取回。

**案例:**

张三将自己一头怀孕的母牛卖给李四,价款1万元,李四应在母牛交付之日起1个月内付清全款,付清全款之前,母牛的所有权仍然属于张三。2012年5月9日,张三将母牛交付给李四,李四将母牛牵回家后,细心照料。2012年5月20日,该母牛产下1头小牛。2012年6月8日,母牛无故病倒,不久死亡,李四将其拉到屠宰场宰杀,发现牛黄一块,价值5000元,牛肉等物价值2000元。2012年6月9日,李四无力付清1万元款项,张三要求行使取回权,但李四以母牛已经死亡为由,拒绝返回任何东西,只同意以后买卖还清1万元牛款。张三不同意,起诉至法院。

在所有权保留的情况下,张三可以要求李四返回哪些东西?

**专家解析:**

本案例中,张三与李四在买卖合同中约定了所有权保留条款,该条款的效力不仅对母牛有效,其效力还及于母牛的孳息。本案例中,母牛的孳息包括2个:一是母牛于2012年5月20日产下的小牛一头;二是母牛死后所得的牛黄和牛肉等物。如果李四付清了1万元全款,那么自母牛交付之后产生的孳息都归李四所有,但现在李四无法付清全款,张三可以根据所有权保留条款,要求李四返回小牛、牛黄及牛肉等物。至于母牛,因已经死亡,无法返回,但根据风险转移原则,虽然张三对所有权进行了保留,但母牛灭失的风险在交付时就转移至李四,因此李四应承担该损失,张三可以要求李四赔偿母牛的价值。

 **22.买卖合同中当事人如何解除合同**

合同解除是指在合同生效后,当事人双方通过协议或者一方行使约定或法定解除权的方式,使当事人设定的权利义务关系终止的行为。合同解除分为合意解除和法定解除,合意解除是指双方当事人协商一致,通过达成解除合同的合意来终止原来合同的行为;法定解除是指在符合法定条件的情况下,一方当事人有权以通知对方的形式解除合同的行为。

买卖合同的解除,既适用合同解除的一般规则,又有其特殊规定,主要包括主从物的解除、数物的解除、分批交付时的解除和分期付款时的解除。

一、主从物的解除,按照《合同法》第164条的规定:因标的物的主物不符合约定而解除合同的,解除合同的效力及于从物。因标的物的从物不符合约定被解除的,解除的效力不及于主物。

**案例:**

甲某在购物网站上看中了一辆山地车,价格为999元,该商品包含了一辆品牌山地车、一个自备打气筒、一个强光手电和一件雨衣,并且该网站承诺若存在质量问题,消费者可无条件解除合同,返回货款。甲某下单后,该购物网站在5天内将该套商品送到甲某家中,甲某经检验,发现自备打气筒和强光手电都无法正常使用,甲某认为该购物网站的商品质量存在问题,因此要求解除合同,退还货款,但遭到了购物网站的拒绝。甲某将该购物网站起诉至法院。甲某是否有权解除合同?

**专家解析:**

本案例中,购物网站承诺若因质量问题,消费者可以无条件解除合同,而甲某正是因为自备打气筒和强光手电的质量问题要求解除合同的,因此是合理的。但其解除合同的效力,是否及于全部商品,其是否有权要求购物网站返回全部999元货款呢? 答案是否定的, 在该套商品中,山地自行车是主物,其他的自备打气筒、强光手电筒和雨衣都属于从物,甲某是基于自备打气筒和强光手电这两个从物的质量问题要求解除合同的,根据《合同法》第164条的规定,从物解除的效力不及于主物。因此,甲某只能要求退还自备打气筒和强光手电,并要求购物网站退坏该2样商品的货款。

二、数物解除,是指买卖合同的标的物为数个物时,当事人因为数物中的一物不符合合同约定而要求解除的行为。按照《合同法》第165条的规定:标的物为数物,其中一物不符合约定的,买受人可以就该物解除,但该物与他物分离使标的物的价值显受损害的,当事人可以就数物解除合同。值得注意的是,该条规定的前边部分主体为买受人,后边部分的主体为当事人,当事人包含出卖人和买受人,即数物买卖合同中:

A.就其中一物解除合同的,只有买受人可以解除,出卖人不得解除;

B.该物与他物分离使标的物的价值显受损害的,当事人(买受人和出卖人)都可以就数物解除合同。

**案例:**

徐某一家乔迁新居,在唐某开的家具店购买了一套家具,包括一张床、一个床头柜、一个衣柜和一张写字桌。后来,徐某发现唐某交付的衣柜尺寸不符合合同约定的尺寸,要求退货,其他几件家具都符合合同要求,可以保留。但家具店提出,该套家具作为一个整体出卖的,其风格、用料、装饰一致,使用时相互映衬,发挥一个整体的效果,如果徐某要退货,则只能全部退。家具店的说法能否得到法律的支持?

**专家解析:**

本案例中,徐某在家具店一次性购买了 4 样物品,属于数物买卖,当其中一样物品不符合合同约定而行使解除权时,一般情况下,买受人有权要求退还该物。但是,但该数物为一个整体时,单独退还一物将对其他标的物的价值产生损害,此时,不但买受人有权要求解除全部数物的合同,出卖人也可以作此要求。因此,本案例中,家具店的说法是合理的。

三、分批交付时的解除,按照《合同法》第 166 条的规定:

出卖人分批交付标的物的,出卖人对其中一批标的物不交付或者交付不符合约定,致使该批标的物不能实现合同目的的,买受人可以就该批标的物解除。

出卖人不交付其中一批标的物或者交付不符合约定,致使今后其他各批标的物的交付不能实现合同目的的,买受人可以就该批以及今后其他各批标的物解除。

买受人如果就其中一批标的物解除,该批标的物与其他各批的物相互依存的,可以就已经交付和未交付的各批标的物解除。

### (一)就其中一批解除

**案例:**

甲某向某粮油中心订购了 10000 斤大米,约定分成 10 批交货,每批 1000 斤。合同开始履行后,粮油中心按照合同约定向甲某交付了 6 批大米,但交付第 7 批大米时,甲某发现该批大米的质量明显不如之前交付的大米,因此要求解除合同。

甲某应如何解除合同,是否会对之前的 6 批大米和之后即将交付的大米产生影响?

**专家解析:**

本案例中的大米为种类物,各批次之间没有依赖关系,因此按照《合同法》第 166 条第 1 款的规定:"出卖人分批交付标的物的,出卖人对其中一批标的物不交付或者交付不符合约定,致使该批标的物不能实现合同目的的,买受人可以就该批标的物解除。"甲某可以就第 7 批的大米行使解除权,之前已经履行的和以后即将履行的批次,都不受影响。如果双方在合同中约定了违约责任,则应该违约批次的比例要求粮油中心承担违约责任。

### (二)就某批和今后各批的解除

**案例：**

甲某以其自有的一套设备从事木材加工生意,某日,甲某向乙某开的机器设备维修店订购了 10 瓶润滑油,甲某每月前来提取一瓶。用了 3 瓶,设备都运行正常,但在第四个月时,设备出现了故障,经检查,原来是第 4 瓶润滑油存在质量问题,机器磨损严重,已经无法重新使用。甲某找到乙某,要求乙某赔偿损失,并解除以后 6 瓶润滑油的合同。

甲某的要求是否合理?

**专家解析：**

本案例中,甲乙之间的买卖属于分批买卖,并且已经履行了 3 批,在第 4 批的时候出现了解除合同的情形,并且导致了甲某的设备无法重新使用,因此根据《合同法》第 166 条第 2 款的规定:"出卖人不交付其中一批标的物或者交付不符合约定,致使今后其他各批标的物的交付不能实现合同目的的,买受人可以就该批以及今后其他各批标的物解除。"乙某的违约行为,已经使得甲某无法再使用自己的设备,即使交付了以后批次的润滑油,甲某也没地方用,因此其有权解除以后批次的合同。同时,因乙某的违约行为造成的损失,应对甲某承担赔偿责任。

### (三)全部解除

**案例：**

甲某家重新装修房子,需要购买一批木地板,在建材市场挑选之后,甲某看中了乙某家的一款木地板。但经进一步交谈,甲某得知乙某只有 10 箱该款木地板，远远不能满足自己的要求，但乙某表示自己可以再到厂家那边进货，甲某可以先提走这 10 箱，甲某同意了乙某的想法。两人签订了一份 30 箱的木地板购销合同，约定甲某先交付定金 5000 元并提走 10 箱木地板，剩余部分乙某送货上门。此后，乙某陆陆续续送了 15 箱，剩余 5 箱却迟迟拿不出货。甲某急于装修房子，经多次催要，乙某还是交不出货，因此甲某决定解除合同，要求乙某将全部木地板拉回，并退还货款并双倍返回定金。乙某不同意，认为可以退还 5 箱木地板的钱，但之前的 25 箱自己已经交货，不能退还货款。

甲某是否有权要求解除全部 30 箱木地板的合同？

本案例中，甲某和乙某约定分批交货，乙某交了 2 批，但经甲某催要后，最终无法完成全部的交货义务，对此，甲某是可以解除合同的。并且，在同一幢房子中，木地板作为一个整体使用，相互依存，根据《合同法》第 166 条第 3 款的规定："买受人如果就其中一批标的物解除，该批标的物与其他各批标的物相互依存的，可以就已经交付和未交付的各批标的物解除。"因此，甲某是有权要求解除全部 30 箱的合同的，并且其支付了 5000 元，有权要求违约方乙某双倍返回。

**专家解析：**

可以看出，数物买卖和分批买卖合同解除的共同规则有 2 点：

①如果在使用或利用上没有关联，则买受人可以就其中不符合约定的一物 / 一批解除合同；

②如果在使用或利用上存在关联，则当事人（买受人和出卖人）可以就数物解除合同（该物与他物分离使标的物价值显受损害）、全部（已 / 未交付的各批标的物）解除合同（该批标的物与其他各批相互依存）；

买受人可以就今后各批解除合同（致使今后各批标的物不能实现合同目的）。

### (四)分期付款时的解除

分期付款是指买受人按照一定的期限分批箱出卖人支付价款的形式，一般适用于标的额较大的合同。分期付款的解除应按照《合同法》第167条的规定执行："分期付款的买受人未支付到期价款的金额达到全部价款的五分之一的，出卖人可以要求买受人支付全部价款或者解除合同。出卖人解除合同的，可以向买受人要求支付该标的物的使用费。"

**案例：**

甲某将自己的汽车转让给乙某，价款10万元，双方约定乙某分期付款，汽车交付之日乙某支付3万元，以后每个月支付1万元，付清为止。3月19日，甲某将汽车过户给乙某，乙某按约支付3万元。以后的4月、5月，乙某都按合同约定支付甲某1万元，但6月开始，乙某一直未付款。此时，甲某应该如何维护自己的权益？

**专家解析：**

本案例中，甲乙之间的付款形式为分期付款，并且乙某已经连续2个月未按照合同约定付款，所拖欠的金额已经达到了全部应付价款的1/5，此时，按照《合同法》第167条的规定，甲某可以选择要求乙某付清全部剩余款项，或者要求解除合同，取回汽车，返回乙某已经支付的5万元款项。但甲某一旦选择了其中一项，就不能更改了，即一旦选择了要求付清全款，就只能向乙某追讨欠款而不能解除合同；一旦选择了解除合同，就只能取回汽车而不能向乙某追要欠款了。

## 23.特种买卖之分期付款买卖

特种买卖是指具有特殊要件的买卖,相比于一般买卖,其具有一定的特殊性,但没有本质区别。特种买卖主要包括分期付款买卖、凭样品买卖、试用买卖、招投标买卖、拍卖和互易。

分期付款买卖是指买受人与出卖人约定,按照一定的期限分多次向出卖人支付价款的买卖形式。按照《最高人民法院关于审理买卖合同纠纷案件适用法律问题的解释》第38条第1款的规定,"分期付款"系指买受人将应付的总价款在一定期间内至少分三次向出卖人支付。分期付款其实是一种赊销方式,一般适用于标的额较大的买卖合同,如房产买卖、高档耐用品的消费等。出卖人可以在分期付款中约定所有权保留条款,以避免钱货两空。

分期付款买卖的主要注意点就是合同的解除及解除后的处理,按照《合同法》第167条的规定:分期付款的买受人未支付到期价款的金额达到全部价款的五分之一的,出卖人可以要求买受人支付全部价款或者解除合同。出卖人解除合同的,可以向买受人要求支付该标的物的使用费。该条规定涉及2个问题:(1)全部价款1/5的规定是否可变,当事人之间是否可以通过约定的形式更改;(2)出卖人解除合同后,如何弥补自己的损失。

**案例:**

甲某将自己的汽车转让给乙某,价款20万元,双方约定乙某分期付款,汽车交付之日乙某支付 3 万元,以后每个月支付 1 万元,付清为止,如果乙某超过 2 个月未付款,则甲某有权解除合同。3 月 19 日,甲某将汽车过户给乙某,乙某按约支付 3 万元。以后的 4 月、5 月,乙某都按合同约定支付甲某 1 万元,但 6 月开始,乙某一直未付款。此时,甲某应该如何维护自己的权益?

**专家解析:**

本案例中,甲乙双方之间的买卖为分期付款买卖,并且双方约定如果乙某超过 2 个月未付款,则甲某有权解除合同,这一约定是否有效呢?根据《合同法》第 167 条的规定,当买受人未支付到期价款达到全部价款的 1/5 时,出卖人可以解除合同,即 1/5 是法律规定的界限。现在甲乙双方对此作了变更约定,将其变更为相当于"乙某未支付到期价款达到全部价款的 1/10 时,甲某就有权解除合同",这对乙某是不利的。对此,乙某可以根据《最高人民法院关于审理买卖合同纠纷案件适用法律问题的解释》第 38 条第 2 款的规定"分期付款买卖合同的约定违反合同法第一百六十七条第一款的规定,损害买受人利益,买受人主张该约定无效的,人民法院应予支持"主张 1/10 的约定无效。

虽然乙某可以主张 1/10 的约定无效,但依然应该遵守 1/5 的规定,当乙某超过 4 个月未付款时,甲某就可以选择要求乙某付清全款或要求解除合同。如果甲某选择解除合同,则根据《最高人民法院关于审理买卖合同纠纷案件适用法律问题的解释》第 39 条第 1 款的规定"分期付款买卖合同约定出卖人在解除合同时可以扣留已受领价金,出卖人扣留的金额超过标的物使用费以及标的物受损赔偿额,买受人请求返还超过部分的,人民法院应予支持",甲某可以从乙某之前支付的价款中扣除汽车的使用费。在对使用费有明确约定的情况下,按照约定的标准扣除;如果没有约定,则按照《最高人民法院关于审理买卖合同纠纷案件适用法律问题的解释》第39条第2款的规定"当事人对标的物的使用费没有约定的,人民法院可以参照当地同类标的物的租金标准确定",甲某可以参照当地出租同档次车辆所需的租金标准扣除。

 ## 24.特种买卖之凭样品买卖

凭样品买卖,是指买卖双方根据样品来确定标的物的质量,出卖人交付的标的物必须达到和留存的样品同一的品质。凭样品买卖中的样品是指当事人选定的用以决定标的物品质的货物。样品的性质是合同的"质量"条款,具有证据作用。

凭样品买卖的,当事人应注意对样品的封存保护,并可以对样品质量予以说明。出卖人交付的标的物应当与样品及其说明的质量相同。但是,当封存的样品质量与文字说明不一致时,应以哪个为准呢?

**案例:**

2000年7月20日某水产养殖公司(以下称水产公司),同某饲料加工厂(以下简称为饲料厂)订立了一份鱼粉的购销合同。合同约定,由饲料厂向水产公司供应300吨鱼粉,总价款计60万元。饲料厂负责在8月31日前将300吨鱼粉运送至水产公司。水产公司先向饲料厂预付货款15万元,剩余价款在收货时一次性付清。关于鱼粉的质量问题,在双方订立合同的过程中,饲料厂即向水产公司出示了该鱼粉质量的鉴定报告。报告中称,饲料厂生产的鱼粉达到国家质量标准。饲料厂的销售人员在库房选取了样品,水产公司的采购人员经目测认为该鱼粉表面状况很好,又加之报告称该鱼粉的质量达到国家标准。于是双方分别封存了样品,一式两份。在该鱼粉买卖合同中双方则约定,交货的质量应当与样品的质量一致。并进一步对样品的成分进行描述:每公斤鱼粉中蛋白质含量在50%以上,盐含量则在4%以下。合同订立后,水产公司向饲料厂预付了15万元的货款。饲料厂则在2000年8月26日将300吨鱼粉装运至水产公司库房。水产公司在将鱼粉验收入库的过程中特意邀请了技术人员对该鱼粉进行鉴定。农科所的专家经鉴定发现该批鱼粉水分含量大大超过了国家标准,鱼粉不合格,达不到合同约定的国家标准。据此,水产公司拒收该批鱼粉,并要求饲料厂返还15万元预付款和承担违约责任。而饲料厂认为,样品和标的物质量相同。该厂交付的货物符合合同约定,水产公司应当受领。饲料厂和水产公司就此反复协商,无法达成一致。水产公司即以饲料厂为被告向人民法院提起诉讼,要求饲料厂承担违约责任。

该案应如何处理?

**专家解析:**

本案例中,饲料厂和水产公司之间以样品作为双方买卖合同标的物的质量标准,同时对质量标准进行了详细的文字说明,当这两种出现不一致的情形时,应按照《最高人民法院关于审理买卖合同纠纷案件适用法律问题的解释》第40条的规定处理:"合同约定的样品质量与文字说明不一致且发生纠纷时当事人不能达成合意,样品封存后外观和内在品质没有发生变化的,人民法院应当以样品为准;外观和内在品质发生变化，或者当事人对是否发生变化有争议而又无法查明的，人民法院应当以文字说明为准。"

因此，本案中，还应查明封存后，样品的品质是否发生了变化，如果样品从一开始就是水分超标无法达到国家标准的，那么就应以样品的标准为准；如果样品的品质发生了变化或者无法查明是否发生了变化的，那么就应以文字说明为准。

凭样品买卖中还应注意的一个问题就是样品的隐蔽瑕疵问题。隐蔽瑕疵，是指采用通常的检查手段不能发现的品质瑕疵，那么，在样品出现隐蔽瑕疵的时候，出卖人按照该样品交付标的物是否符合合同的约定呢？

**案例：**

甲单位向乙工厂采购 5000 双皮凉鞋作为职工福利，乙工厂向甲单位提供了一双仓库中的存货作为样品。1 个月后，乙工厂向甲单位交货，在收货检验时，甲单位特地将几双皮凉鞋送到检验部门进行了质量检测，检验结果发现几双送检的凉皮鞋在耐着性能方面达不到国家要求的标准。甲单位因此要求退货重做，乙工厂称自己就是按照样品做的，完全符合当初合同的约定，因此不同意退货。双方争执不下，甲单位遂将乙工厂起诉到法院，要求退还货款。乙工厂是否应退还货款？

**专家解析：**

本案例中乙工厂提供的样品就不符合国家的有关标准，双方将其作为质量标准，甲单位在初步查看时是难以发现问题的，即样品存在隐蔽瑕疵问题，按照《合同法》第 169 条的规定："凭样品买卖的买受人不知道样品有隐蔽瑕疵的，即使交付的标的物与样品相同，出卖人交付的标的物的质量仍然应当符合同种物的通常标准。"即在样品存在隐蔽瑕疵的时候,应按照买受人是否知道存在隐蔽瑕疵来进行区分处理:

A.买受人不知道样品有隐蔽瑕疵的,样品不能产生免责的效果。出卖人交付的标的物的质量仍然应当符合同种物的通常标准(指与价款相应的、符合一般通用要求的该种标的物的平均质量);出卖人不得以其交付标的物与样品相同而免责。

B.买受人知道样品存在隐蔽瑕疵的,不能以出卖人交付的标的物质量不符合同种类物通常标准为由抗辩。

因此,本案例中,即使甲单位接受了存在隐蔽瑕疵的样品,也不能免除乙工厂的责任,乙工厂没有按照国家的有关标准提供合格产品,就应该承担相应的违约责任。

##  25.特种买卖之试用买卖

试用买卖,是指当事人双方约定于合同成立时,出卖人将标的物交付买受人试用或者检验,并以买受人在约定期限内对标的物的认可为生效要件的买卖。试用买卖中,买受人在约定的期限到期后有选择购买或不购买的权利,因此,对于约定的期限届满后,买受人没有选择权的买卖,不应认定为试用买卖,主要包括以下几种情形:

A.约定标的物经过试用或者检验符合一定要求时,买受人应当购买标的物;

B.约定第三人经试验对标的物认可时,买受人应当购买标的物;

C.约定买受人在一定期间内可以调换标的物；

D.约定买受人在一定期间内可以退还标的物。

以上四种情形属于一般的买卖,而非使用买卖,不适用试用买卖的相关规定。

### 试用期间

试用买卖中一个很重要的问题就是试用期间的确定,试用期间内,买受人可以自由使用标的物,而试用期间一旦届满,买受人就必须做出选择。根据《合同法》第170条的规定:"试用买卖的当事人可以约定标的物的试用期间。对试用期间没有约定或者约定不明确,依照本法第61条的规定仍不能确定的,由出卖人确定。"因此,试用期间的确定应按照如下顺序:

A.约定试用期间:当事人之间对试用期间有明确约定的,按约定执行;

B.补充协议试用期间:对试用期间没有约定或者约定不明确,可以在合同生效后以补充协议的形式弥补;

C.推定试用期间:对试用期间没有约定或者约定不明确,不能达成补充协议的,按照合同有关条款或者交易习惯确定。

D.出卖人确定试用期间:对试用期间没有约定或者约定不明确,不能达成补充协议的,且按照合同有关条款或者交易习惯仍能确定的,由出卖人确定。

### 对买受人购买意思的确定

试用买卖中,试用期限届满后,买受人应该明确表示购买或不购买，但在买受人未作表示或对标的物进行了其他非试用行为或者支付了部分价款的时候，法律也会根据具体情况来推定买受人的购买意思。根据《合同法》第171条的规定，"试用买卖的买受人在试用期内可以购买标的物，也可以拒绝购买。试用期间届满，买受人对是否购买标的物未作表示的，视为购买。"当事人明确表示购买或拒绝购买的，按照其明示的意思，未作表示的，视为购买。在当事人对标的物实施了非试用行为或支付了部分价款的情形下，应按照《最高人民法院关于审理买卖合同纠纷案件适用法律问题的解释》第41条的规定："试用买卖的买受人在试用期内已经支付一部分价款的，人民法院应当认定买受人同意购买，但合同另有约定的除外。在试用期内，买受人对标的物实施了出卖、出租、设定担保物权等非试用行为的，人民法院应当认定买受人同意购买。"

因此，买受人的购买意思可以根据以下顺序确定：

A.表示认可行为：试用期内或者试用期满，买受人表示购买或者买受人作出购买行为时；

B.视为认可行为：

①买受人对标的物实施出卖、出租、设定担保等行为；

②买受人不交还行为；

③买受人已经支付一部分或全部价款；

④试用期满买受人的沉默行为。

**买受人拒绝购买时，是否要支付试用期间的使用费**

试用买卖中，如果买受人在试用期间届满时不购买标的物，是否一定要支付使用费？这要看当事人之间在订立试用买卖合同时有没有约定,如果没有约定或者约定不明确的话,则按照《最高人民法院关于审理买卖合同纠纷案件适用法律问题的解释》第43条的规定,买受人无需支付使用费。

### 试用买卖的交付方式

试用买卖中,标的物已经在订立试用买卖合同的时候交给了买受人,尤其实际占有、控制、使用,如果买受人认可了标的物而同意购买,或者根据法律规定视为购买的情形下,出卖人交付标的物的方式应为简易交付,在买受人同意购买或视为购买之时,标的物所有权和风险同时转移至买受人,之前属于出卖人。

**案例:**

2012年3月8日,某商厦为答谢广大女性的厚爱,举办了特定化妆品的试用买卖活动。活动期间,所有女性可以凭证件试用特定品牌的化妆品,试用期间无须支付任何费用。同日,林女士选用了一套适合于自己皮肤的化妆品,并与该商厦签订了一份合同。合同约定:林女士所选用的化妆品价值800元,试用期届满时如若同意购买应向商厦支付价款,不同意购买则应归还本商厦,无须支付任何费用。试用期为20天,自交付化妆品的次日起算。林女士将自己的工作证押在了商厦。3月27日,商厦职工向林女士打电话询问其是否购买,并告知如若购买应在29日前付款,林女士只是说化妆品很适合自己的皮肤,对于是否购买未作任何表示。4月1日,林女士收到账单一份,商厦要求林女士前去付款。林女士认为自己并未表示要购买该化妆品,商厦要求前去付款实在是无稽之谈,简直是强买强卖,侵犯了其合法权益。商厦多次向林女士催要货款,均遭拒绝,无奈商厦向法院起诉了林女士。

林女士是否应支付该笔货款?

**专家解析:**

法院经审理认为:林女士与某商厦签订的合同属于试用买卖合同,合同的试用期为 20 天。根据《合同法》第 171 条的规定,林女士在试用期内有权决定是否购买该化妆品,而林女士在试用期届满时未作是否购买的表示,应当视为购买。因此,商厦要求其付款的行为应受法律保护,法院遂判决林女士向某商厦支付化妆品款 800 元。

在本案中,林女士与某商厦约定,林女士试用价值 800 元的化妆品,试用期为 20 天,试用期届满时如若同意购买应向商厦支付价款,不同意购买则应归还本商厦,无须支付任何费用。所以,林女士与某商厦签订的合同属于试用买卖合同。就本案而言,林女士与商厦之间的试用买卖合同的试用期为"自交付化妆品的次日起 20 天",林女士有权在商厦交付化妆品 20 天内决定是否购买。但是,林女士在试用期内没有作出反应,后经商厦工作人员通知购买也未拒绝。《合同法》第 171 条规定:"试用买卖的买受人在试用期内可以购买标的物,也可以拒绝购买。试用期间届满,买受人对是否购买标的物未作表示的,视为购买。"因此,应当视为林女士购买该化妆品,林女士与商厦签订的买卖合同发生效力,林女士应当承担按照合同的约定支付货款的义务。

需要注意的是,商厦要求林女士付款并没有侵犯其合法权益。《中华人民共和国消费者权益保护法》第 9 条规定:"消费者享有自主选择商品或者服务的权利。消费者有权自主选择提供商品或者服务的经营者,自主选择商品品种或者服务方式,自主决定购买或者不购买任何一种商品、接受或者不接受任何一项服务。"但这不能适用于已生效后的试用买卖合同。试用买卖合同中的买方选择权仅限于合同生效前,在合同生效后,则不再存在这种选择权,合同双方当事人应当按照合同约定承担义务。在本案中,试用期限届满后林女士未退还化妆品,根据法律规定视为购买该化妆品,买卖合同生效,其应当承担支付价款的义务。因此,商厦要求林女士付款,并不违反消费者权益保护法确立的立法宗旨。

 ## 26.一物多卖情形下如何履行合同

一物多卖,是指出卖人就同一标的物与多个买受人签订买卖合同的行为。一物多卖行为中,因为出卖人在与各个买受人签订合同的时候,标的物的所有权都未转移给任何一位买受人,因此出卖人仍然是所有权人,其有权再次处分该标的物。但就签订的各个合同而言,出卖人对各个买卖人都负有交付标的物的义务,因标的物只有一个,所以只有一位买受人能请求履行合同,获得标的物的所有权,而其他买受人只能追究出卖人的违约责任。那么,买受人应符合怎样的条件才能享有优先权,来要求出卖人履行合同呢?

《最高人民法院关于审理买卖合同纠纷案件适用法律问题的解释》区分了普通动产和特殊动产来处理。其在第9条规定了普通动产的处理顺序:

出卖人就同一普通动产订立多重买卖合同，在买卖合同均有效的情况下，买受人均要求实际履行合同的，应当按照以下情形分别处理：

（一）先行受领交付的买受人请求确认所有权已经转移的，人民法院应予支持；

（二）均未受领交付，先行支付价款的买受人请求出卖人履行交付标的物等合同义务的，人民法院应予支持；

（三）均未受领交付，也未支付价款，依法成立在先合同的买受人请求出卖人履行交付标的物等合同义务的，人民法院应予支持。

也就是说，就普通动产而言，各位买受人的优先顺序为：

先行受领交付者；

都未受领交付的，先行支付价款者优先；

都未受领交付，也都未支付价款的，合同成立在先者优先。

**案例：**

甲某是个游手好闲之人，整日在外边游荡，不务正业，眼见着父母留给他的家底就要吃尽了，甲某也慌张起来了，东翻西找之下，发现家中有一幅珍贵的名家字画，甲某当即决定将其卖掉。2012年4月8日，甲某拿着该副字画找到乙某，乙某看了之后非常喜欢，甲某于是开价8万元，乙某考虑一番之后觉得可以接受，但自己现在没有那么多闲钱，让甲某3天之后带着字画过来"一手交钱，一手交画"，甲某同意。4月9日，丙某来到甲某家做客，无意中听甲某提起自己有副名家字画，希望欣赏一番，甲某于是将字画拿给丙某看。丙某看了之后也非常喜欢，提出要买下这幅字画，但甲某称该副字画已经卖给了乙某，只是尚未交给乙某，乙某也未付钱而已。丙某提出，只要甲某同意，自己可以现在就支付 8 万元。甲某称，可以是可以，但需要先去跟乙某解除合同，丙某同意，并当场开了张 8 万元的支票给甲某，等甲某跟乙某说过之后便来取画。4 月 10 日，甲某在前往乙某家的路上遇见丁某，丁某得知甲某有一幅名家字画后，称自己非常喜欢这位画家，也要求看一看画，于是甲某将字画呈给丁某看，看过之后，丁某执意要买下该幅画，并同意加价 1 万元，甲某见丁某如此大方，便同意了，丁某当天通过转账的形式支付甲某 9 万元价款，甲某将字画交付给丁某。后来，乙某、丙某来找甲某要画，甲某称已经给了丁某，乙某、丙某一气之下将甲某和丁某起诉至法院，要求丁某将字画返还。

　　本案例中的名家字画的所有权应确定给谁？

**专家解析：**

　　本案例中，甲某就同一幅字画达成了 3 个买卖合同，这 3 个买卖合同中的买受人乙某、丙某、丁某都有权要求甲某实际履行合同，但因为字画只有一幅，其所有权只能确认给其中一位。三位买受人都各有理由，乙某与甲某的买卖合同成立时间最早，丙某支付价款的时间最早，而丁某已经实际受领了标的物。根据《最高人民法院关于审理买卖合同纠纷案件适用法律问题的解释》第 9 条的规定，先行受领交付的买受人请求确认所有权已经转移的，人民法院应予支持。因此，本案例中字画应确认为已经交付给丁某，并且已经转移了所有权。至于乙某和丙某，只能要求甲某承担违约责任了。

　　本案例提醒我们，作为买受人，为了防止出卖人一物多卖而可能导致自己无法切实受领标的物的情形出现，应该在签订买卖合同后尽早要求出卖人交付标的物；在确定对方资质、实力可靠的情况下，也可以通过尽早支付货款的方式来争取优先权，但如果对对方不了解或者对方实力不足的情况下，先支付货款很可能导致自己钱货两空。

《最高人民法院关于审理买卖合同纠纷案件适用法律问题的解释》第10条规定了船舶、航空器、机动车等特殊动产在发生"一物多卖"的情况下应如何处理：

出卖人就同一船舶、航空器、机动车等特殊动产订立多重买卖合同，在买卖合同均有效的情况下，买受人均要求实际履行合同的，应当按照以下情形分别处理：

（一）先行受领交付的买受人请求出卖人履行办理所有权转移登记手续等合同义务的，人民法院应予支持；

（二）均未受领交付，先行办理所有权转移登记手续的买受人请求出卖人履行交付标的物等合同义务的，人民法院应予支持；

（三）均未受领交付，也未办理所有权转移登记手续，依法成立在先合同的买受人请求出卖人履行交付标的物和办理所有权转移登记手续等合同义务的，人民法院应予支持；

（四）出卖人将标的物交付给买受人之一，又为其他买受人办理所有权转移登记，已受领交付的买受人请求将标的物所有权登记在自己名下的，人民法院应予支持。

根据《物权法》的规定，船舶、航空器和机动车等物权的设立、变更、转让和消灭，应该办理登记手续，未经登记，不得对抗善意第三人。因此，当这些特殊动产"一物多卖"时，其确定交付的顺序为：

先行受领交付者；

都未受领交付的，先行办理所有权转移手续者优先；

都未受领交付,也都未办理所有权转移手续的,合同成立在先者优先;

受领交付和办理了所有权转移手续者之间,先行受领这优先。

**案例:**

甲某是个游手好闲之人,整日在外边游荡,不务正业,眼见着父母留给他的家底就要吃尽了,甲某也慌张起来了,现在家中只剩下一辆轿车比较值钱,甲某当即决定将其卖掉。2012年4月8日,甲某找到乙某,问乙某是否愿意购买自己的轿车,乙某正巧想买一辆二手车,于是询问甲某价格多少,甲某开价5万元,乙某考虑一番之后觉得可以接受,但自己现在手头没那么多钱,要等拿了拿了这个月的工资和奖金后才够,于是让甲某3天之后把车开过来,自己当天付清全款,甲某同意。4月9日,丙某来到甲某家做客,无意中听甲某提起要出卖自己的轿车,丙某自己本来就比较喜欢该辆车,希望甲某可以卖给自己,但甲某称已经和乙某约好了卖给乙某,只是尚未交付,乙某也未付钱而已。丙某提出,只要甲某同意,自己可以现在就支付5万元。甲某同意,丙某当场开了张5万元的支票给甲某,并且双方约定第二天办理过户手续。4月10日,甲某在前往车管所的路上遇见丁某,丁某得知甲某要出卖轿车,称自己可以加价1万元,甲某见丁某如此大方,便同意了,丁某当天通过转账的形式支付甲某6万元价款,甲某将轿车交付给丁某。同日,甲某又与丙某一起到车管所办理了所有权转移手续,但丙某提出要开走轿车时,甲某隐瞒不过,只能告知事情。后来,乙某也得知了事情真相,乙某、丙某要求甲某交付汽车。轿车的所有权应确定给谁?

**专**家解析：

本案例中,甲某就同一辆轿车达成了 3 个买卖合同,这 3 个买卖合同中的买受人乙某、丙某、丁某都有权要求甲某实际履行合同,但因为轿车只有一辆, 其所有权只能确认给其中一位。三位买受人都各有理由, 乙某与甲某的买卖合同成立时间最早,丙某办理了所有权转移手续,而丁某已经实际受领了标的物。根据《最高人民法院关于审理买卖合同纠纷案件适用法律问题的解释》第 10 条的规定,先行受领交付的买受人请求出卖人履行办理所有权转移登记手续等合同义务的, 人民法院应予支持;出卖人将标的物交付给买受人之一,又为其他买受人办理所有权转移登记, 已受领交付的买受人请求将标的物所有权登记在自己名下的,人民法院应予支持。因此,本案例中的轿车应确认为已经交付给丁某,丁某有权有权要求将该轿车登记在自己名下。至于乙某和丙某,只能要求甲某承担违约责任了。

本案例提醒我们,作为船舶、航空器、机动车的买受人,为了防止出卖人一物多卖而可能导致自己无法切实受领标的物的情形出现, 应该在签订买卖合同后尽早要求出卖人交付标的物,并且尽快办理相关的所有权转移手续。

## 27.向第三人履行的买卖合同

合同中约定向第三人交货,义务方应向谁承担违约责任?

**案例:**

2008 年 7 月某日,甲公司与乙公司订立一项水泥购销合同,合同的附则规定:"有关交货事宜由丙公司出面协调解决。"同时该合同约定双方交货的地点在 A 地。同年 9 月,甲公司因嫌交货地点及交货时间不合适,便找到丙公司,要求变更时间和地点。丙公司即与甲公司达成一份补充协议,协议中将交货地点由 A 地变更为 B 地,将交货时间由 2008 年 12 月变更为 2008 年 11 月。补充协议订立后,甲公司将该协议送交给乙公司,要求乙公司于 2008 年 12 月将货物发往 B 地。乙公司收到该协议以后,提出因交货时间提前而无法准备货源,并提出交货地点变更,使其费用增加,甲公司必须为此提供补偿。双方不能达成协议,甲公司便以乙公司构成违约为由,向法院提起诉讼。甲公司认为,2008 年 7 月甲乙丙公司订立合同时约定"有关交货事宜由丙公司出面协调解决"。现丙公司已经根据甲公司的需要将双方约定的时间地点作了改变,乙公司不履行协议的规定已经构成违约,因此应当承担违约责任。

请问:乙公司不履行协议的规定是否已经构成违约并承担违约责任?

**专家解析:**

合同是平等主体的自然人、法人或其他组织之间设立、变更、终止民事权利义务关系的协议。所以,合同必然发生在特定两个或两个以上的主体之间,合同关系一般只能在特定的当事人之间发生效力,这一特点在学理上称为合同的相对性。合同的相对性主要包括合同主体的相对性、合同内容的相对性和违约责任的相对性,其中最为重要的是合同内容的相对性,即除法律、合同另有规定外,合同依法成立生效之后,对当事人就具有了法律上的拘束力。因此,本案中合同的当事人是甲公司与乙公司,而丙公司只是合同关系以外的第三人。

本案中,丙公司虽然与甲公司订立了补充协议,但是该协议对乙公司产生约束力的前提是丙公司具有乙公司的有效授权,否则该补充协议仅在丙公司和甲公司之间发生效力,对乙公司不具有任何拘束力。因此,本案处理的焦点就在于合同附则中规定的"有关交货事宜由丙公司出面协调解决"是否意味着丙公司具有有效授权,从而使补充协议在甲公司与乙公司之间发生效力。其实,本案中丙公司实际上并未取得授权。

其原因在于:

第一,合同的附则规定"有关交货事宜由丙公司出面协调解决。"此处只是规定由丙协调解决有关交货事宜,协调的含义主要是指作为中介人或者斡旋人,召集合同双方协商解决有关问题,而其本身不能认为包含某种授权的意思。也就是说,双方并没有授权丙公司可以出面代理任何一家订立任何合同。

第二,如果把协调理解为包含了双方的授权,这就意味着丙公司可以代理双方来订立合同,显然构成了双方代理,不符合代理的基本规则。此种代理行为应当被认定无效。

第三,丙公司与甲公司达成的补充协议涉及到对交货时间和地点的变更问题,这些都是买卖合同的重要条款,它不仅影响到履行费用的增加,而且关系到因时间提前是否能够履行的问题,由于履行时间和地点涉及合同的主要条款,由此决定了对履行时间和地点的变更必须要取得乙公司的明确同意。从本案中看,乙公司显然没有对丙公司做出上

述授权,所以不能认为丙公司有权代理乙公司订立上述补充协议。因此,由于丙公司并没有获得乙的授权,所以无权代理乙公司变更合同。甲公司以其与丙公司签订的补充合同要求乙公司承担违约责任的请求不能成立。

 **28.由第三人代为履行的买卖合同**

合同中约定由第三人向债权人履行债务的,第三人不履行债务或履行债务不符合约定时,由谁承担违约责任?

**案例:**

2008 年 9 月 13 日,甲公司与乙公司签订了一份采购协议,约定由甲公司向乙公司采购服装 100 套,最晚交货期为 2008 年 11 月 20 日。在合同执行过程中,乙公司因生产紧张,无法满足甲公司的订货需求,因此双方签订了一份补充协议,约定由丙公司代乙公司履行该采购合同,100 套服装由丙公司交付给甲公司,服装质量标准等按照采购合同的约定执行。

2008 年 11 月 20 日,丙公司按期向甲公司交付了 100 套服装,但甲公司经验收,发现服装的面料不符合合同的约定,于是向丙公司提出退货,并要求赔偿损失。丙公司抗辩称,自己和甲公司之间没有合同关系,其与乙公司之间的合同并没有对面料作出约定,因此甲公司无权要求自己承担违约责任。

甲公司未收到符合合同约定的货物,能否向丙公司主张赔偿?

家解析:

本案例中,甲公司与乙公司之间签订了采购合同,因此甲乙公司之间受到该合同的约束,乙公司应当按照采购合同的约定向甲公司交付货物,当然,乙公司可以指定第三方向甲公司履行该义务,只要合同中没有明确约定只能由甲公司自己履行。此时,作为第三方的丙公司可能与乙公司之间有一个合同关系,但丙公司和甲公司之间是没有任何合同关系的。基于合同相对性原则,甲公司是无法要求丙公司承担违约责任的。

那么,甲公司应如何维护自己的合法权益呢?答案是要求乙公司承担违约责任,乙公司作为卖方,无论是其自己提供货物还是指定第三方提供货物,都应当保证交付的货物符合采购合同的约定,当甲公司收到的货物不符合合同的要求时,即属于乙公司违约,需要承担相应的违约责任。当然,甲公司承担违约责任后,如果是因为丙公司的原因造成货物不符合合同约定的,乙公司可以根据其与丙公司之间的合同关系要求丙公司承担违约责任。

## 29.同时履行抗辩权、先履行抗辩权和不安抗辩权

### (一)同时履行抗辩权

案例:

2001年1月,甲某与乙某签订了一项房屋买卖合同,合同约定甲某

于当年 9 月 1 日向乙某交付房屋 1 套,并办理登记手续,乙某则向甲某分三次付款:第一期支付 20 万元,第二期支付 30 万,第三期则在 9 月 1 日甲某向乙某交付房屋时支付 50 万元。在签订合同后,乙某按期支付了第一期、第二期款项共 50 万元。

9 月 1 日,甲某将房屋的钥匙移交乙某,但并未立即办理房产所有权移转登记手续。因此,乙某表示剩余款项在登记手续办理完毕后再付。直至 9 月 7 日,乙某仍然没有付款,甲某遂以乙某违约为由诉至法院,请求乙某承担违约责任。甲某则以乙某未按期办理房产所有权移转登记手续为由抗辩。

本案涉及到同时行使履行抗辩权,其条件和法律后果是什么?

**专家解析:**

《合同法》第 66 条规定:"当事人互负债务,没有先后履行顺序的,应当同时履行。一方在对方履行之前有权拒绝其履行要求。一方在对方履行债务不符合约定时,有权拒绝其相应的履行要求。"

在本案中,从表面看,甲某违背合同约定,未按期办理房地产所有权移转登记手续,已构成违约;而乙某也违背了合同约定,在合同约定付款日期 7 日后,仍然没有付款,构成了履行迟延。但是,在考虑其是否应当承担违约责任时,尚应考虑其是否享有法定的抗辩权。

从本案看,乙某按期向甲某支付了第一期、第二期款项共 50 万元,并无违约情形,甲某并无理由行使后履行抗辩权,因此,其未按期办理房产所有权移转登记手续属于违约行为,应当承担相应的违约责任。

但对乙某而言,由于其第三期款项的支付与甲某交付房屋并办理房产所有权移转登记手续是应当同时履行的义务。由于本案中合同标的物是房屋,房屋属于不动产,与动产买卖合同不同,不动产的买卖中出卖人除负有交付标的物的义务之外,还应当完成产权移转登记,才真正履行完给付义务,因为不动产所有权的变动以登记为要件。

尽管当事人未办理登记手续并不影响合同本身的效力,但是因为没有办理登记,房屋的所有权不能发生移转,买受人不能因出卖人的交付而获得房产的所有权。因此,办理登记是房屋买卖合同的主给付义务。可见,在本案中,由于甲某的行为有可能导致乙某的合同目的不能实现,根据《合同法》第 66 条的规定,其有权拒绝支付剩余款项。

那么,应如何正确认识同时履行抗辩权,它的行使有哪些条件呢?

同时履行抗辩权是指双务合同的当事人一方在他方未为对待给付之前,有权拒绝自己的履行。行使同时履行抗辩权必须符合以下构成条件:

第一,须由同一双务合同互负债务,即双方当事人所负的债务是基于同一双务合同产生的。所谓双务合同是指当事人双方互负对待给付义务的合同,这种合同中一方当事人所享有的权利即为他方当事人所负的义务,如买卖合同、租赁合同等。如果双方的债务是基于两个或多个合同产生的,即使双方在事实上联系密切,也不能适用同时履行抗辩权。

同时,双方当事人所负的债务之间必须具有对价或者牵连关系。对价或者牵连关系强调的是履行和对待履行之间的互为条件、互为牵连的关系,要求二者在义务的负担上大体相等,并不强调二者在经济上完全等价。对价问题原则上应当由当事人的意志来决定,同时法律要求双方在财产的交换上力求公平合理,履行和对待履行在价值上大致相当即可。

第二,须双方所负的债务都已届清偿期。

第三,须对方未履行其与己方债务有牵连关系的债务。

第四,须对方的对待履行是可以履行的,如果一方的履行已经不可能,则不能适用同时履行抗辩权,而应当考虑追究对方的违约责任。

同时履行抗辩权属于延期的抗辩权,没有消灭对方请求权的效力,仅使对方请求权延期。在对方当事人未为对待给付前,抗辩权人的债务即使已届清偿期而没有清偿,抗辩权人也不负迟延履行的违约责任。同时履行抗辩权依其性质应由当事人自己行使,法院或者仲裁机构不能依职权主动适用。

另外,值得注意的是,应当把同时履行抗辩权的行使与双方违约区别开来。双方违约是指合同双方当事人分别违背了自己的合同义务,应当各自承担自己的责任。其构成要件是:

其一,双方当事人依据法律和合同规定,必须履行一定的义务,可见双方违约常常适用于双务合同。

其二,当事人双方而不是一方违背了其负有的合同义务,也就是说,双方当事人都分别违反了合同规定。

其三,双方当事人违背了合同规定的义务。如果仅仅是违反了法律义务而不是合同义务,可能构成过错,但不一定构成双方违约。

例如一方违约后,另一方违反了法律规定的减轻损失的义务,造成了损失的扩大,从狭义的违约概念出发,这主要是一个过错问题,由此将导致对方的责任被减轻或免除,但不能认为是双方违约。当然,从广义的违约概念上考虑,也可以包括在违约之中。

其四,双方均无正当理由,如果一方是行使同时履行抗辩权或不安抗辩权,则不能认为是双方违约。如果当事人在对方违约后采取适当的自我补救措施,如对方拒不收货时,将标的物转卖等不能认定为违约,即使这种补救措施不够适当,也主要是一个过错的问题,不可作为双方违约对待。

## (二)先履行抗辩权

**案例:**

2008 年 11 月 25 日,甲方与乙方签订转让合同,将自己的木材加工厂转让给乙方。合同约定:转让价款为人民币 80 万元,在合同签订之日支付 15 万元,在 2008 年 12 月 5 日前再支付 30 万元,余款 35 万元在办妥除交缴土地出让金外的其他相关手续后 5 日内付清,乙方将木材加工厂交付给甲方后,甲方支付剩余 45 万元转让款。合同签订后,乙方依约支付转让款人民币 45 万元,2009 年 1 月 12 日,甲方以缴纳土地出让金为由要求乙方尽快支付剩余 45 万元转让款,乙方要求甲方应根据合同的约定先交付木材加工厂,甲方提出若乙方不支付剩余转让款将导致自己不能缴纳土地出让金,造成的损失应有乙方承担。

本案例中乙方享有什么权利?

**专家解析:**

很显然,本案例中的乙方无需在受领木材加工厂之前支付 45 万元余款,原因就在于按照合同的约定,其支付余款的前提是甲方交付了木材加工厂,因此乙方享有先履行抗辩权。

根据《合同法》第 67 条规定:"当事人互负债务,有先后履行顺序,先履行一方未履行的,后履行一方有权拒绝其履行要求。先履行一方履行债务不符合约定的,后履行一方有权拒绝其相应的履行要求。"据此,先履行抗辩权是指合同中约定了债务履行的先后顺序,在按约定应当先履行的一方当事人未履行之前,后履行一方有权拒绝其相应的履行请求。其适用条件:

1.当事人基于同一双务合同互负债务。和同时履行抗辩权一样,先履行抗辩权的双方当事人应当是因同一合同互负债务,在履行上有一定的关联性。一单务合同不发生先履行抗辩权的问题。当事人互负债务,如果不是基于同一双务合同,也不发生先履行抗辩权。此外,两项债务间应当有对价关系。如果没有对价关系,也不存在先履行抗辩权。

2.当事人履行有先后的顺序。先履行抗辩权的当事人履行有先后顺序之分,此为与同时履行抗辩权的最大区别。"先后顺序"是依当事人合同的约定或者法律的规定,或者根据交易习惯而确定先后顺序。飞只有先履行的一方不履行或者不适当履行的,后履行的一为当事人才享有先履行抗辩权

3.须有先履行合同债务一方当事人不履行合同债务或者履行合同债务不符合约定。此为当事人行使先履行抗辩权的前提条件先履行抗辩权的行使其实质上是对应当先履行合同义务一方当事人违约的抗辩,是在不终止合同效力的前提下,后履行义务的一方当事人为了保护自己的利益而采取的有力措施,既可以防止自己在履行后合法权益受到损害,又可降低成本。如当事人在合同中约定"先交货、后付款"或"先付款,后交货",均有履行上的先后顺序,若应当先履行义务而未履行,实为违约,则后履行当事人即可行使先履行抗辩权。

4.须为先履行一方当事人应当先履行的债务是可以履行的。若先履行一方的债务已经不可能被履行了，则后履行一方当事人行使先履行抗辩权已失去意义。

（三）不安抗辩权

**案例：**

某开发公司与甲某签订一份商品房买卖合同，约定在 2011 年 3 月 27 日前交付商品房，并约定开发公司届时书面通知甲某办理交付手续。后因办理银行按揭问题双方发生纠纷，开发公司未在合同约定的时间内交房，也未书面通知甲某办理交付手续，甲某也未支付购房款。开发公司遂起诉，要求甲某履行双方签订的购房合同、支付所欠房款；甲某则提出开发公司未按时交房、未书面通知办理交付手续，要求解除合同并由开发公司支付逾期交房违约金。

本案例中，开发公司未按照合同的约定书面通知甲某交付商品房，也未实际交付，此时甲某是否可以行使不安抗辩权？

**专家解析：**

不安抗辩权也叫后履行抗辩权，是指在双务合同中，在后履行一方当事人出现财产状况严重恶化或丧失或可能丧失履行债务之能力等情形时，应先履行的一方当事人可以主张不安抗辩权，在对方未履行对待给付或提供担保之前，可以拒绝自己债务之履行。我国合同法第六十八条第一款规定：应当先履行债务的当事人，有确切证据证明对方有下列情形之一的，可以中止履行：（一）经营状况严重恶化；（二）转移财产、抽逃资金，以逃避债务；（三）丧失商业信誉；（四）有丧失或者可能丧失履行债务能力的其他情形。

本案中，开发公司虽然未在合同约定的时间内上面通知甲某办理交付手续，也未在合同约定的时间内将商品房交付给甲某，但原因是双方在办理银行按揭问题上发生纠纷。但是，开发公司并未丧失向甲某交付商品房的能力，到起诉时止也未拒绝向甲某交付商品房，开发公司的行为仅属于履行瑕疵，因此甲某请求行使不安抗辩权的主张难以成立。

那么，不安抗辩权的行使有哪些法定条件呢？

1.双方当事人因同一双务合同而互负债务。不安抗辩权为双务合同的效力表现，其成立须双方当事人因同一双务合同而互负债务，并且该两项债务存在对价关系。

2.后给付义务人的履行能力明显降低，有不能为对待给付的现实危险。不安抗辩权制度保护先给付义务人是有条件的，只有在后给付义务人有不能为对待给付的现实危险、害及先给付义务人的债权实现时，才能行使不安抗辩权。

所谓后给付义务人的履行能力明显降低，有不能为对待给付的现实危险，包括：其经营状况严重恶化；转移财产、抽逃资金，以逃避债务；谎称有履行能力的欺诈行为；其他丧失或者可能丧失履行能力的情况。履行能力明显降低，有不能为对待给付的现实危险，须发生在合同成立以后。如果在订立合同时即已经存在，先给付义务人若明知此情而仍然缔约，法律则无必要对其进行特别保护；若不知此情，则可以通过合同无效等制度解决。

3.不安抗辩权的行使。为了兼顾后给付义务人的利益，也便于其能及时提供适当担保，先给付义务人行使不安抗辩权的，应及时通知后给付义务人，该通知的内容包括中止履行的意思表示和指出后给付义务人提供适当担保的合理期限。行使不安抗辩权的先给付义务人并负有证明后给付义务人的履行能力明显降低、有不能为对待给付的现实危险的义务。

先给付义务人及时通知后给付义务人，可使后给付义务人尽量减少损害，及时地恢复履行能力或提供适当的担保以消除不安抗辩权，使先给付义务人履行其义务。

规定先给付义务人负上述举证义务，可防止其滥用不安抗辩权，借口后给付义务人丧失或可能丧失履行能力而随意拒绝履行自己的债务。如果先给付义务人没有确切证据而中止履行，应当承担违约责任。

第三篇

# 买卖合同的违约责任

违约责任，是指合同当事人因违反合同约定的义务而应承担的法律后果。违约责任制度在合同法中居于十分重要的地位。英美法系国家的合同法站在"保护"的角度，将这种制度称为"违约救济"。我国现行合同法规定的违约责任实行的是无过错责任的归责原则，也就是说只要存在违约事实就应承担违约责任。

在买卖合同中，不约定违约责任往往导致货款迟迟被拖欠。销售业务中最要紧、最麻烦的是货款回收。实际交易中，拖欠货款是引发纠纷的主要原因之一。经常发生拖欠货款的原因之一，是因为双方在合同中往往未约定逾期付款的违约责任，致买方拖欠货款无所忌惮，实际享受着无息贷款的优待。因此，建议卖方企业在产品销售合同中约定逾期付款违约金，或者约定履约保证金条款。约定违约责任，对督促当事人正确履行义务，并为非违约方提供补救措施具有重要意义。至于违约金或保证金的金额，一般不超过合同总标的额的30%。一旦逾期付款，卖方可以起诉主张逾期付款违约金或者没收其履约保证金，以促使其按约付款，及时回收货款。

一般情况下，当事人一方不履行合同义务或者履行合同义务不符合约定的，非违约方可以要求违约方承担继续履行、采取补救措施或者赔偿损失等违约责任。

 **1.质量不符合合同约定，应如何承担违约责任**

❖　　❖　　❖

**案例：**

2005年9月15日，王某在南宁购买了一辆某品牌轿车，2006年3

月9日按正常首保发现左后轮轴承松动,造成轮摆,后由经销商换了总成.4月3日,王某驾驶该辆轿车在高速公路上抛锚,经维修人员检查发现正是皮带破裂,曲轴轮破裂脱落一大块,四规链跳齿、崩齿,进、排气门杆弯曲变形,发动机自动熄火不能行驶。

针对该轿车的质量问题,王某可以要求经销商承担哪些违约责任?

**专家解析:**

根据《合同法》第111条的规定:质量不符合约定的,应当按照当事人的约定承担违约责任。对违约责任没有约定或者约定不明确,依照本法第61条的规定仍不能确定的,受损害方根据标的的性质以及损失的大小,可以合理选择要求对方承担修理、更换、重作、退货、减少价款或者报酬等违约责任。因此,本案例中王某可以要求经销商退车或更换发动机,并承担因此产生的费用。

按照《合同法》第111条的规定,因质量问题导致的违约责任,其确定顺序为:①当事人有明确约定的,按照约定执行;②没有约定或约定不明确的,可以通过补充协议确定,不能达成补充协议的,按照合同有关条款或交易习惯确定;③仍不能确定的,按照法律规定的,合理选择要求出卖人承担修理、更换、重做、退货或减少价款的违约责任。因此,在买卖合同中,当事人双方最好根据自身的要求对违约责任加以约定,以便在对方出现违约的时候可以弥补自己的损失。对于要求减少价款的,可以以符合约定的标的物和实际交付的标的物按交付时的市场价值计算差价,如果价款已经支付,买受人可以要求返还减价后多付部分的价款。

**案例：**

2011 年 9 月 12 日，甲公司向乙公司采购一套机器设备，总价款为 20 万元，双方在合同中约定甲公司分期付款，合同签订后甲公司支付 5 万元，机器设备交付并调试完成后支付 14 万元，剩余 1 万元在 2 年质保期满后付清。如果质保期内，机器设备出现问题，乙公司应在接到甲公司的通知后 2 天内安排修复。2011 年 9 月 15 日，乙公司交付机器设备并安装调试完毕，甲公司按合同约定支付了相应款项。2012 年 6 月 20 日，甲公司购买的机器设备在运行中出现问题，甲公司通知乙公司后，乙公司一直以各种理由未安排工作人员去维修，为了维持正常的生产经营，甲公司只能找其他维修店的工作人员上门维修，因此支付维修费 2000 元。2013 年 9 月，甲公司与乙公司约定的质保期届满，乙公司要求甲公司付清剩余的 1 万元尾款，甲公司提出乙公司未能按照合同约定提供维修服务，应此拒绝支付剩余部分款项。乙公司提出，可以扣除甲公司支付的 2000 元维修费，甲公司仍然不同意。乙公司无奈，遂将甲公司起诉至法院，要求支付剩余款项 8000 元。

法院应如何处理本案？

**专家解析：**

本案例中，甲公司与乙公司约定了 1 万元尾款作为质保金，在质保期内，乙公司应按照合同的约定承担维修义务，但乙公司并未履行该义务。根据《最高人民法院关于审理买卖合同纠纷案件适用法律问题的解释》第 21 条的规定，买受人依约保留部分价款作为质量保证金，出卖人在质量保证期间未及时解决质量问题而影响标的物的价值或者使用效果，出卖人主张支付该部分价款的，人民法院不予支持。因此，本案中，甲公司是有权拒绝支付剩余尾款的。对于甲公司找其他维修店的工作人员修复机器设备而支付的费用,根据《最高人民法院关于审理买卖合同纠纷案件适用法律问题的解释》第22条的规定,买受人在检验期间、质量保证期间、合理期间内提出质量异议,出卖人未按要求予以修理或者因情况紧急,买受人自行或者通过第三人修理标的物后,主张出卖人负担因此发生的合理费用的,人民法院应予支持。因此,如果甲乙公司之间没有约定质保金,则对于2000元的维修费用,甲公司可以要求乙公司承担。

 ## 2.违约责任中损失赔偿额如何确定

违约损害赔偿,是指违约方因不履行或不完全履行合同义务,而给对方造成损失,依法和依合同规定应承担的损害赔偿责任。损失赔偿额的确定应遵循完全赔偿原则、合理预见原则、减轻损害原则、损益相抵原则、责任相抵原则、经营欺诈惩罚性赔偿原则。

### (一)完全赔偿原则

所谓完全赔偿原则,是指因违约方的违约行为使受害人所遭受的全部损失,都应由违约方负赔偿责任。换言之,违约方不仅应赔偿对方因其违约而引起的现实财产的减少,而且应赔偿对方因合同履行而得到的履行利益。完全赔偿是对受害人的利益实行全面的、充分的保护的有效措施。从公平和等价交换原则来看,由于违约当事人的违约而使受害人遭受损害,违约当事人也应以自己的财产赔偿全部损害。当然,《合同法》中所称的完全赔偿是指对受害人遭受的全部财产损失予以赔偿,同时此种赔偿应限制在法律规定的合理范围内。根据完全赔偿原则,违约方不仅应赔偿受害人遭受的全部损失,还应赔偿可得利益损失,即包括合同履行后可以获得的利益损失。

直接损失为现存的损失,可以说"看得见,摸得着"的损失,一般也不会产生争议。关键是如何掌握可得利益。可得利益是合同履行后债权人可以实现或者取得的收益。可得利益具有如下特点:(1)未来性。可得利益不是现实的利益,而是一种未来的利益,可得利益必须是经过合同违约方履行后才能获得的利益。(2)期待性。可得利益是当事人订立合同时可以预见的利益,可得利益的损失也是合同当事人能够预见的损失。(3)可得利益具有一定的现实性。尽管可得利益并非订立合同时就可实际享有的利益,但这种利益并不是臆想的,如果合同违约方不违约,是非违约方可以得到的利益。

**案例:**

王某与某采石场签订常年运输合同,自 2011 年 6 月 11 日起,由王某为采石场提供运输服务,采石场支付运费 1000 元 / 天。为了适应采石场的运输需求,王某于 2011 年 5 月 25 日向某卡车销售中心订购了一辆大卡车,双方约定甲某于 2011 年 6 月 10 日到卡车销售中心提车。2011 年 6 月 10 日,王某来到卡车销售中心,但该中心的销售人员称王某订的卡车还没有到,还要等 10 天左右,王某无奈,只能等 10 天再来提车。10 天后,王某提到卡车并开始履行采石场的运输合同。但对于卡车销售中心延迟交付卡车对自己的损失，王某提出应由卡车销售中心承担，这些损失包括支付采石场的违约金1000元，自己10天本来呢个获得的收入1万元。

王某的请求是否合理？

**专家解析：**

本案例中，因卡车销售中心延迟交付卡车，导致了王某的损失，卡车销售中心应承担违约责任。因双方对违约责任没有约定，所以应按照实际损失来进行赔偿，《合同法》第113条规定：当事人一方不履行合同义务或者履行合同义务不符合约定，给对方造成损失的，损失赔偿额应当相当于因违约所造成的损失，包括合同履行后可以获得的利益，但不得超过违反合同一方订立合同时预见到或者应当预见到的因违反合同可能造成的损失。

本案例中王某的损失包括直接损失和可得利益损失，直接损失即王某所支付的违约金1000元，可得利益损失指王某根据与采石场的运输合同，如果卡车销售中心按时交货，王某所能获得的利益，但该利益的计算应按照收入减去成本计算，即王某从采石场可获得的1万元运输费用减去其成本的金额。

### （二）合理预见原则

完全赔偿原则是对非违约方的有力保护，但从民法之基本原则出发，应将这种损害赔偿的范围限制在合理的范围之内。我国《合同法》第113条规定：赔偿损失不得超过违反合同一方订立合同时预见到或者应当预见到的因违反合同可能造成的损失。从该条规定来看，《合同法》

采取了合理预见原则,合理预见原则,又称之可预见性规定,主要包括如下内容:(1)预见的主体为违约方。(2)预见的时间为合同订立之时。(3)预见的内容为违反合同可能造成的财产损失的范围。(4)判断违约方能否预见的标准采用主观和客观相结合的标准,即通常与同类型的社会一般人的预见能力为标准。

**案例:**

2005年4月,甲公司与乙公司签订一份买卖合同,由乙公司向甲公司供应牛奶,每月5000瓶,每瓶2元。按照当时的市场价,甲公司提供的牛奶零售价为5元/瓶。2005年6月,甲公司与几家高档酒店达成协议,由甲公司独家向这些酒店供应牛奶,价格50元/瓶,共计每月5000瓶。2005年8月,乙公司提出因食品安全问题缩减产量,只能每月供应3000瓶牛奶给甲公司,对于给甲公司造成的损失,乙公司愿意按照市场价格弥补当月利润损失。甲公司提出,自己已经与各酒店签订合同,应当按照该价格即50元/瓶计算损失。

甲公司的要求是否合理?

**专家解析:**

本案例中,虽然甲公司与各家酒店签订了合同,约定牛奶价格为50元/瓶,但这远远超出了市场价,对于这一损失,乙公司在签订合同时,是难以预见的。因此,乙公司可以以合理预见原则为抗辩,要求按照市场价承担损失。

## 3.违约金与定金并存时如何承担违约责任

### (一)违约金

**案例：**

2003 年 1 月 30 日,张某与某开发商签订了《商品房买卖合同》。合同约定,开发商应当于 2003 年 6 月 30 日前将商品房交付张某。如逾期交付商品房超过 30 日,张某有权向开发商追究已付款利息(利息自应交付商品房之日起至实际交付商品房之日止，按银行同期贷款利率计算),并且开发商还应当向张某支付日万分之五的迟延交房违约金。

合同签订后张某按合同约定付清了全部购房款 51 万元,但是开发商却始终未向张某交付商品房。经张某多次交涉未果。2004 年 10 月 30 日，张某向法院起诉要求开发商支付迟延交房违约利息 36234 元和迟延交房违约金 127108 元,并且继续履行合同。

开发商答辩认为,本案合同约定违约金过分高于张某的损失,请求法院依据《合同法》第 114 条第 2 款的规定对违约金数额进行调整。

本案中的违约金属于什么性质的违约金,法院应如何判决?

**专家解析：**

本案张某主张的违约金系"迟延履行"违约金,而非一般违约金。

所谓"迟延履行"违约金是指合同一方当事人迟延履行合同义务而承担的合同违约金。

所谓一般违约金是指除"迟延履行"违约金外,合同一方当事人不履行合同义务和履行合同义务不符合合同约定而应承担的违约金。

《合同法》第 114 条第三款规定"当事人就迟延履行约定违约金的,违约方支付违约金后,还应当履行债务"。迟延履行违约金是典型的"惩罚性违约金",而非"补偿性违约金"。"补偿性"违约金是指依据《合同法》第 114 条第一款的规定,合同当事人不履行合同义务或履行合同义务不符合合同约定而应当承担的违约金。"补偿性"违约金的数额应当相当于因违约所造成的损失数额,如果违约金数额过分高于损失,可以按照《合同法》第 114 条第二款的规定请求法院和仲裁机构依据公平原则对违约金数额适当调整。而作为"惩罚性"违约金的迟延履行违约金,是一方当事人迟延履行合同义务时,应向对方支付违约金,造成损失的,还要赔偿全部损失。根据《合同法》第 114 条第 3 款规定的迟延履行违约金即属惩罚性违约金。惩罚性违约金的支付不以违约损失为前提,有损失的,除支付违约金外,损失另行赔偿;没有损失的,违约金照付不误。

《合同法》第 114 条只规定了一般违约金的调整,而对于迟延违约金,应按照合同的约定执行,不做调整,这也是对合同义务方的督促。

那么,对于一般违约金而言,应如何判定过高或过低并对其进行调整呢?

《合同法司法解释二》第 28 条规定:当事人依照合同法第 114 条第 2 款的规定,请求人民法院增加违约金的,增加后的违约金数额以不超过实际损失额为限。增加违约金以后,当事人又请求对方赔偿损失的,人民法院不予支持。第 29 条规定:当事人主张约定的违约金过高请求予以适当减少的,人民法院应当以实际损失为基础,兼顾合同的履行情况、当事人的过错程度以及预期利益等综合因素,根据公平原则和诚实信用原则予以衡量,并作出裁决。当事人约定的违约金超过造成损失的30%的,一般可以认定为《合同法》第114条第2款规定的"过分高于造成的损失"。因此,如果非违约方认为违约金过低,要求增加的,则应向法院证明自己的实际损失,法院按照其实际损失为限要求违约方支付违约金。而对于违约方认为违约金过高的,法院应综合考虑合同的实际情况作出判决,对此法律规定认为如果违约金的数额达到或者超过损失的130%的,可以认定违约金过高。

### (二)定金与违约金同时存在如何处理

**案例：**

2012年7月11日,甲方与乙方签订买卖合同,由甲方向乙方采购钢坯200吨,合同单价3000元/吨,合同约定甲方在合同签订后3日内支付定金5万元,又约定了若乙方未按照合同约定交付货物,则应向甲方支付合同货款5%的违约金。合同签订当天,甲方支付了5万元定金。但后来乙方未能履行合同。

此时甲方应如何维护自己的合法权益？

**专家解析：**

本案例中涉及"定金"的概念,定金是指是在合同订立或在履行之前支付的一定数额的金钱作为担保的担保方式。按照《合同法》第115条的规定：当事人可以依照《中华人民共和国担保法》约定一方向对方给付定金作为债权的担保。债务人履行债务后,定金应当抵作价款或者收回。给付定金的一方不履行约定的债务的,无权要求返还定金;收受定金的一方不履行约定的债务的,应当双倍返还定金。这就是所谓的"定金罚则",那么,在适用定金罚则时,应注意哪些呢?

1.应注意定金与订金的区别。若当事人希望通过给付或收受某种金钱作为债的担保时,应明确约定为"定金",而不能约定为"订金"。根据担保法司法解释的规定:"当事人交付留置金、担保金、保证金、订约金、押金或者订金等,但没有约定定金性质的,当事人主张定金权利的,人民法院不予支持。"因此,当事人在订立定金合同时,必须使用"定金"而不是"订金",否则,将不能起到对债的担保作用。

2.应注意定金是实践性合同。定金合同从定金实际交付之日起生效,若双方当事人仅订立了定金合同,但并未交付定金的,定金合同并不生效,同样不能起到对债的担保作用。若双方当事人实际交付定金时的金额,多于或少于定金合同约定金额的,视为对定金合同的变更,但若对方当事人提出异议并拒绝接受定金的,则不能视为对定金合同的变更。

3.应注意设定定金数额的限制。根据担保法的规定,定金数额由当事人约定,但不得超过主合同标的额的20%,超过的部分无效。因此,当事人设定定金数额时,并不是越高就越有保障,而是应当按照法律规定设定不得高于主合同标的额20%的定金。

4.应注意定金适用的限制。定金罚则,作为一种相对比较严厉的惩罚措施,其不是在任何情况下都可以随时适用的,必须符合一定的条件。《担保法司法解释》第120条规定:因当事人一方迟延履行或者其他违约行为,致使合同目的不能实现,可以适用定金罚则。但法律另有规定或者当事人另有约定的除外。当事人一方不完全履行合同的，应当按照未履行部分所占合同约定内容的比例，适用定金罚则。因此，除了立约定金、成约定金（发生在合同订立阶段）和解约定金（以定金罚则为解除合同条件）外，违约定金，一般要求须是合同目的无法实现的情况下才能适用，若轻微的违约，并没有导致合同目的无法实现的，不能适用定金罚则，但法律另有规定或当事人明确约定可以适用定金罚则的，应遵从法律规定或当事人约定。

本案例中，甲方向乙方支付了 5 万元定金，那么按照定金罚则，乙方未能履行合同，那么甲方当然有权要求乙方双倍返还，则返回 10 万元。而同时，双方有对违约金做了约定，当乙方未能履行合同时，应支付货款的 5% 即 3 万元作为违约金，此时甲方能否既要求双倍返还定金，又要求支付违约金呢？答案是不行的，《合同法》第 116 条规定：当事人既约定违约金，又约定定金的，一方违约时，对方可以选择适用违约金或者定金条款。因此，对于违约金和定金，甲方只能二选一，本案例中定金的金额高，甲方当然是选择双倍返还定金。而且跟违约金相比，定金无需证明损失，而在违约金的情况下，如果违约方抗辩称违约金过高，则非违约方富有证明损失的义务，这是很不利的。在定金过低的情况下，根据《买卖合同司法解释》第 28 条：买卖合同约定的定金不足以弥补一方违约造成的损失，对方请求赔偿超过定金部分的损失的，人民法院可以并处，但定金和损失赔偿的数额总和不应高于因违约造成的损失。因此，定金过低的话也是可以以不足以弥补损失为由要求调整的。

 **4.定金能否充当预付款**

**案例：**

2010年4月6日，原告霍某某与被告某某中起汽车销售服务有限公司签订订购车合同一份，约定原告购买被告经销的韩国产索兰托柴油版轿车一辆，车价28.28万元，合同约定的交车日期为2010年7月底之前。被告当场收取原告定金1万元，且特别注明定金不退。合同签订后，被告让原告回家等电话通知提车。7月中旬，不见被告通知，原告到被告处询问，被告说车很紧俏，只有加价才能提车，原告不同意要求按合同约定交车。被告说到年底也保证不了提车，愿意将定金退回原告。原告认为，退定金应按法律规定双倍返还，被告不同意，经协商无果，诉至法院。请求法院判令解除原、被告2010年4月6日签订的购车合同，被告向原告双倍返还购车定金2万元，被告承担本案诉讼费。

1.本案原告向被告交纳的1万元是定金还是预付款？

2.被告中起公司是否违约，原告是否有权请求双倍返还定金。

3.本案双方签订的购车合同上书写"定金不退"的含义

**专家解析：**

本案原告向被告交纳的1万元是定金还是预付款。

定金依照法律规定或双方约定，由一方在订立合同时，或订立后履行前，按合同标的额的一定比例，预先给付对方金钱或替代物。预付款是合同双方为实现合同目的,约定由一方向对方提前履行部分债务。

(1)定金是合同主债务的担保方式,从属于主债务,预付款是合同主债务的一部分,属于合同主债务的部分履行。

(2)定金实际交付后即成立独立于主债务的定金合同,未依约交付定金,定金合同不生效,如属成约定金未交付,可能影响主合同的生效和成立。预付款属主合同的一部分,未依约履行给付款义务,不影响主合同的效力和成立。

(3)定金可以抵作价款,此时定金具有预付款性质。由于定金本身具有预付款性质,因此,定金可以在债务履行后抵作价款。

综上分析,本案中原告交付的 1 万元,应为定金,而非预付款,且属于违约定金。如收取定金一方违约,应双倍返还定金,适用定金罚则规定。

被告中起公司是否违约,原告是否有权请求双倍返还定金。

前面讲到,本案中原告向被告公司交纳的 1 万元,不是预付款,而属于违约定金。按照《合同法》115 条的规定和《担保法》89 条的规定及《担保法解释》120 条"因当事人一方延迟履行,或者其他违约行为,致使合同目的不能实现,可以适用定金罚则。但法律另有规定或者当事人另有约定的除外。"的规定,适用定金罚则的事由有三种,即迟延履行,或者违约,或者不完全履行。本案中原告适用定金罚则请求被告双倍返还定金,必须证明对方有以上三种事由之一。本案双方合同约定,被告应当在 2010 年 7 月底之前向原告交付车辆,因被告没有及时向原告交付车辆属于迟延履行。故原告适用定金罚则请求对方双倍返还定金于法有据。

本案双方签订的购车合同上书写"定金不退"的含义?

审理中,原告认为"定金不退"的意思为:原告出现了违约即原告不想买被告提供的车辆时,被告就不给原告退还定金。被告则认为"定金不退"的意思为:定金相当于预付款,其提供给原告需要的车辆,原告向其交纳车款时从总价款中扣除1万元定金,所以该定金不退。

但是被告就没有考虑"定金不退"的备注为其工作人员所签。其提供的是格式合同,大众的理解就是原告违约,定金不退。

通过该起案件的审理,可以看出定金在法律中的巨大作用,提醒人们在签订合同时应特别注意"定金"二字。

##  5.因亲属受伤未能按期履行合同,能否以不可抗力主张免责

**案例:**

某蔬菜果品批发市场与陈某签订荔枝购销合同。合同约定:陈某于2009年6月28日以前向某蔬菜果品批发市场交付荔枝2.5万公斤,荔枝每公斤4元,货款共10万元;陈某于2009年7月5日前向某蔬菜果品批发市场再支付荔枝1.5万公斤每公斤3.5元,货款共计52500元。货到后付款,无论谁违约,均承担违约部分25%的违约金。

2009年6月25日,部分荔枝已经成熟,陈某正准备将荔枝运给某蔬菜果品批发市场时,陈某的儿子在学校因翻爬围墙受伤住进了医院。陈某急忙赶去医院,照料受伤的儿子。陈某儿子住院6天后即7月1日伤愈出院。不料,7月1日当晚该遭冰雹袭击,没来得及采摘的荔枝均遭破坏。7月10日,某蔬菜果品批发市场要求陈某承担违约责任。陈某

以其儿子受伤住院并且荔枝遭冰雹袭击，并非故意不履行为由拒绝承担违约责任。双方为此发生争议，某蔬菜果品批发市场起诉至法院，要求陈某承担违约责任。

**专家解析：**

我国《合同法》第 117 条规定："因不可抗力不能履行合同的，根据不可抗力的影响，部分或者全部免除责任，但法律另有规定的除外。当事人迟延履行后发生不可抗力的，不能免除责任。本法所称不可抗力，是指不能预见、不能避免并不能克服的客观情况。"该条明确规定了因不可抗力而违约的合同，可以免除违约方合同责任。一般而言，一种客观情况被确认为不可抗力，必须具备以下条件：(1)它必须独立于人的行为之外，不为当事人的意志左右，即属于客观事件；(2)当事人依其现有的能力和应有的谨慎与勤勉，不能对这种客观情况及其后果加以控制和克服。一般现实生活中严重的自然灾害，如洪水、冰雹、地震等应当属于不可抗力。

本案中，当事人双方签订的实际上是两个合同。第一个合同荔枝的交付期 2009 年 6 月 28 日以前，陈某没有按期交付，违约的原因是由于陈某儿子受伤住需照料而无暇运送荔枝。照料受伤住院的儿子并非不可抗力，因此不能免除陈某的违约责任。第二个合同荔枝交付的日期为 2009 年 7 月 5 日以前，由于 7 月 1 日当晚遭冰雹袭击，致使荔枝全部遭到破坏而无法履行合同约定，这是由于不可抗力引起的，根据《合同法}"因不可抗力不能履行合同的，根据不可抗力的影响，部分或全部免除责任"的规定，应当免除陈某的责任。

 **6.争议解决方法的约定**

    合同双方一旦发生争议,协商不成的只能求助于仲裁机构或法院。那么具体选择哪一种方式,则需要当事人双方约定,如果选择仲裁机构就一定要明确是哪个仲裁委员会,否则就会因约定不明而致约定条款无效。当然双方也可以约定管辖的法院,而约定法院则只能在被告所在地法院、原告所在地法院、合同履行地法院、合同签订地法院、标的物所在地法院中选择其一,而不能随意选择。

    最高院《关于确定经济纠纷案件管辖中如何确定购销合同履行地的规定》:"当事人在合同中未明确约定履行地点的,以约定的交货地点为合同履行地。当事人在合同中约定的货物到达地、到站地、验收地、安装调试地等,均不应视为合同履行地。"

    选择有利的法院作为诉讼管辖地,能够有利地维护公司的合法权益。中国司法环境,决定了在很多情况下法院审理常常受到当地各种因素的干扰与牵制。绝大多数法院在审理案件时,都会或多或少地考虑地方保护主义、或多或少地受到当地因素的影响。选择有利的受诉法院,有利于公司与法院沟通、有利于律师与法院沟通,有利于案件的审理和执行。

    约定我方所在地有管辖权的人民法院为受诉法院;

    建议在合同中约定我司所在地有管辖权的人民法院为诉讼管辖法院。

但是,这样明确的约定有时难以取得对方的同意,特别是在买方市场下,其往往要求将受诉法院确定在其所在地。在这种情况下,处于劣势的卖方企业要想在合同中明确约定受诉法院在我司所在地, 这种可能性极小。为此,我们可要求双方在合同中对受诉法院不作约定,但是我们一定要多个心眼,在合同中约定交货地点或者履行地点。以便对方违约时,我方可以选取择对自己有利的法院来审理案件。

约定我司所在地为交货地点。

交货地点与供货地点是两个完全不同的术语。在日常口语中,供货地点是指货物装载、起运的地点,即我们常说的"发货地点"。

交货地点是表示货物所有权由卖方转移给买方的地点,其往往与货物的所有权转移的时间及地点有密切关系。而且,在合同没有约定诉讼法院的时候,交货地点将成为选择受诉法院的重要依据。正是因为交货地点如此重要,而且,在合同中约定交货地点在我司所在地往往不会引起对方的多疑,因此,不论我方是买方还是卖方,在合同未约定诉讼管辖地时,务必约定我方所在地为交货地点。因为这将直接关系到诉讼法院选择,直接关系到日后诉讼的胜败。约定我司所在地为合同履行地。

如前所述,在合同未约定诉讼管辖法院时,履行地点也就成为选择受理法院和诉讼胜败的关键。因此,不论我方是买方还是卖方,在合同未约定管辖法院的情况下,务必注明履行地点我方。而且,这样的约定也不太会引起对方的警惕,因为一般情况下合同确实是在卖方所在地履行。我们看到很多合同会写"合同签订地",而这样的约定于我们毫无意义。建议今后我们在合同不起眼的地方注明"合同履行地",以取代"合同签订地"。

附录一:

# 中华人民共和国合同法总则(节录)

## 第一章 一般规定

**第一条** 为了保护合同当事人的合法权益,维护社会经济秩序,促进社会主义现代化建设,制定本法。

**第二条** 本法所称合同是平等主体的自然人、法人、其他组织之间设立、变更、终止民事权利义务关系的协议。

婚姻、收养、监护等有关身份关系的协议,适用其他法律的规定。

**第三条** 合同当事人的法律地位平等,一方不得将自己的意志强加给另一方。

**第四条** 当事人依法享有自愿订立合同的权利,任何单位和个人不得非法干预。

**第五条** 当事人应当遵循公平原则确定各方的权利和义务。

**第六条** 当事人行使权利、履行义务应当遵循诚实信用原则。

**第七条** 当事人订立、履行合同,应当遵守法律、行政法规,尊重社会公德,不得扰乱社会经济秩序,损害社会公共利益。

**第八条** 依法成立的合同,对当事人具有法律约束力。当事人应当按照约定履行自己的义务,不得擅自变更或者解除合同。

依法成立的合同,受法律保护。

## 第二章 合同的订立

**第九条** 当事人订立合同,应当具有相应的民事权利能力和民事行为能力。

当事人依法可以委托代理人订立合同。

**第十条** 当事人订立合同,有书面形式、口头形式和其他形式。

法律、行政法规规定采用书面形式的,应当采用书面形式。当事人约定采用书面形式的,应当采用书面形式。

**第十一条** 书面形式是指合同书、信件和数据电文(包括电报、电传、传真、电子数据交换和电子邮件)等可以有形地表现所载内容的形式。

**第十二条** 合同的内容由当事人约定,一般包括以下条款:

(一)当事人的名称或者姓名和住所;

(二)标的;

(三)数量;

(四)质量;

(五)价款或者报酬;

(六)履行期限、地点和方式;

(七)违约责任;

(八)解决争议的方法。

当事人可以参照各类合同的示范文本订立合同。

**第十三条** 当事人订立合同,采取要约、承诺方式。

第十四条 要约是希望和他人订立合同的意思表示,该意思表示应当符合下列规定:

(一)内容具体确定;

(二)表明经受要约人承诺,要约人即受该意思表示约束。

第十五条 要约邀请是希望他人向自己发出要约的意思表示。寄送的价目表、拍卖公告、招标公告、招股说明书、商业广告等为要约邀请。

商业广告的内容符合要约规定的,视为要约。

第十六条 要约到达受要约人时生效。

采用数据电文形式订立合同,收件人指定特定系统接收数据电文的,该数据电文进入该特定系统的时间,视为到达时间;未指定特定系统的,该数据电文进入收件人的任何系统的首次时间,视为到达时间。

第十七条 要约可以撤回。撤回要约的通知应当在要约到达受要约人之前或者与要约同时到达受要约人。

第十八条 要约可以撤销。撤销要约的通知应当在受要约人发出承诺通知之前到达受要约人。

第十九条 有下列情形之一的,要约不得撤销:

(一)要约人确定了承诺期限或者以其他形式明示要约不可撤销;

(二)受要约人有理由认为要约是不可撤销的,并已经为履行合同作了准备工作。

第二十条 有下列情形之一的,要约失效:

(一)拒绝要约的通知到达要约人;

(二)要约人依法撤销要约;

(三)承诺期限届满,受要约人未作出承诺;

(四)受要约人对要约的内容作出实质性变更。

**第二十一条** 承诺是受要约人同意要约的意思表示。

**第二十二条** 承诺应当以通知的方式作出,但根据交易习惯或者要约表明可以通过行为作出承诺的除外。

**第二十三条** 承诺应当在要约确定的期限内到达要约人。

要约没有确定承诺期限的,承诺应当依照下列规定到达:

(一)要约以对话方式作出的,应当即时作出承诺,但当事人另有约定的除外;

(二)要约以非对话方式作出的,承诺应当在合理期限内到达。

**第二十四条** 要约以信件或者电报作出的,承诺期限自信件载明的日期或者电报交发之日开始计算。信件未载明日期的,自投寄该信件的邮戳日期开始计算。要约以电话、传真等快速通讯方式作出的,承诺期限自要约到达受要约人时开始计算。

**第二十五条** 承诺生效时合同成立。

**第二十六条** 承诺通知到达要约人时生效。承诺不需要通知的,根据交易习惯或者要约的要求作出承诺的行为时生效。

采用数据电文形式订立合同的,承诺到达的时间适用本法第十六条第二款的规定。

**第二十七条** 承诺可以撤回。撤回承诺的通知应当在承诺通知到达要约人之前或者与承诺通知同时到达要约人。

**第二十八条** 受要约人超过承诺期限发出承诺的,除要约人及时通知受要约人该承诺有效的以外,为新要约。

**第二十九条** 受要约人在承诺期限内发出承诺,按照通常情形能够

及时到达要约人,但因其他原因承诺到达要约人时超过承诺期限的,除要约人及时通知受要约人因承

诺超过期限不接受该承诺的以外,该承诺有效。

第三十条 承诺的内容应当与要约的内容一致。受要约人对要约的内容作出实质性变更的,为新要约。有关合同标的、数量、质量、价款或者报酬、履行期限、履行地点和方式、违约责任和解决争议方法等的变更,是对要约内容的实质性变更。

第三十一条 承诺对要约的内容作出非实质性变更的,除要约人及时表示反对或者要约表明承诺不得对要约的内容作出任何变更的以外,该承诺有效,合同的内容以承诺的内容为准。

第三十二条 当事人采用合同书形式订立合同的,自双方当事人签字或者盖章时合同成立。

第三十三条 当事人采用信件、数据电文等形式订立合同的,可以在合同成立之前要求签订确认书。签订确认书时合同成立。

第三十四条 承诺生效的地点为合同成立的地点。

采用数据电文形式订立合同的,收件人的主营业地为合同成立的地点;没有主营业地的,其经常居住地为合同成立的地点。当事人另有约定的,按照其约定。

第三十五条 当事人采用合同书形式订立合同的,双方当事人签字或者盖章的地点为合同成立的地点。

第三十六条 法律、行政法规规定或者当事人约定采用书面形式订立合同,当事人未采用书面形式但一方已经履行主要义务,对方接受的,该合同成立。

**第三十七条** 采用合同书形式订立合同，在签字或者盖章之前，当事人一方已经履行主要义务，对方接受的，该合同成立。

**第三十八条** 国家根据需要下达指令性任务或者国家订货任务的，有关法人、其他组织之间应当依照有关法律、行政法规规定的权利和义务订立合同。

**第三十九条** 采用格式条款订立合同的，提供格式条款的一方应当遵循公平原则确定当事人之间的权利和义务，并采取合理的方式提请对方注意免除或者限制其责任的条款，按照对方的要求，对该条款予以说明。

格式条款是当事人为了重复使用而预先拟定，并在订立合同时未与对方协商的条款。

**第四十条** 格式条款具有本法第五十二条和第五十三条规定情形的，或者提供格式条款一方免除其责任、加重对方责任、排除对方主要权利的，该条款无效。

**第四十一条** 对格式条款的理解发生争议的，应当按照通常理解予以解释。对格式条款有两种以上解释的，应当作出不利于提供格式条款一方的解释。格式条款和非格式条款不一致的，应当采用非格式条款。

**第四十二条** 当事人在订立合同过程中有下列情形之一，给对方造成损失的，应当承担损害赔偿责任：

（一）假借订立合同，恶意进行磋商；

（二）故意隐瞒与订立合同有关的重要事实或者提供虚假情况；

（三）有其他违背诚实信用原则的行为。

**第四十三条** 当事人在订立合同过程中知悉的商业秘密，无论合同是否成立,不得泄露或者不正当地使用。泄露或者不正当地使用该商业秘密给对方造成损失的,应当承担损害赔偿责任。

## 第三章 合同的效力

**第四十四条** 依法成立的合同,自成立时生效。

法律、行政法规规定应当办理批准、登记等手续生效的,依照其规定。

**第四十五条** 当事人对合同的效力可以约定附条件。附生效条件的合同,自条件成就时生效。附解除条件的合同,自条件成就时失效。

当事人为自己的利益不正当地阻止条件成就的,视为条件已成就;不正当地促成条件成就的,视为条件不成就。

**第四十六条** 当事人对合同的效力可以约定附期限。附生效期限的合同,自期限届至时生效。附终止期限的合同,自期限届满时失效。

**第四十七条** 限制民事行为能力人订立的合同,经法定代理人追认后,该合同有效,但纯获利益的合同或者与其年龄、智力、精神健康状况相适应而订立的合同,不必经法定代理人追认。

相对人可以催告法定代理人在一个月内予以追认。法定代理人未作表示的,视为拒绝追认。合同被追认之前,善意相对人有撤销的权利。撤销应当以通知的方式作出。

**第四十八条** 行为人没有代理权、超越代理权或者代理权终止后以被代理人名义订立的合同,未经被代理人追认,对被代理人不发生效力,由行为人承担责任。

相对人可以催告被代理人在一个月内予以追认。被代理人未作表示的,视为拒绝追认。合同被追认之前,善意相对人有撤销的权利。撤销应当以通知的方式作出。

**第四十九条** 行为人没有代理权、超越代理权或者代理权终止后以被代理人名义订立合同,相对人有理由相信行为人有代理权的,该代理行为有效。

**第五十条** 法人或者其他组织的法定代表人、负责人超越权限订立的合同,除相对人知道或者应当知道其超越权限的以外,该代表行为有效。

**第五十一条** 无处分权的人处分他人财产,经权利人追认或者无处分权的人订立合同后取得处分权的,该合同有效。

**第五十二条** 有下列情形之一的,合同无效:

(一)一方以欺诈、胁迫的手段订立合同,损害国家利益;

(二)恶意串通,损害国家、集体或者第三人利益;

(三)以合法形式掩盖非法目的;

(四)损害社会公共利益;

(五)违反法律、行政法规的强制性规定。

**第五十三条** 合同中的下列免责条款无效:

(一)造成对方人身伤害的;

(二)因故意或者重大过失造成对方财产损失的。

**第五十四条** 下列合同,当事人一方有权请求人民法院或者仲裁机构变更或者撤销:

(一)因重大误解订立的;

(二)在订立合同时显失公平的。

一方以欺诈、胁迫的手段或者乘人之危,使对方在违背真实意思的情况下订立的

合同,受损害方有权请求人民法院或者仲裁机构变更或者撤销。

当事人请求变更的,人民法院或者仲裁机构不得撤销。

**第五十五条** 有下列情形之一的,撤销权消灭:

(一)具有撤销权的当事人自知道或者应当知道撤销事由之日起一年内没有行使撤销权;

(二)具有撤销权的当事人知道撤销事由后明确表示或者以自己的行为放弃撤销权。

**第五十六条** 无效的合同或者被撤销的合同自始没有法律约束力。合同部分无效,不影响其他部分效力的,其他部分仍然有效。

**第五十七条** 合同无效、被撤销或者终止的,不影响合同中独立存在的有关解决争议方法的条款的效力。

**第五十八条** 合同无效或者被撤销后,因该合同取得的财产,应当予以返还;不能返还或者没有必要返还的,应当折价补偿。有过错的一方应当赔偿对方因此所受到的损失,双方都有过错的,应当各自承担相应的责任。

**第五十九条** 当事人恶意串通,损害国家、集体或者第三人利益的,因此取得的财产收归国家所有或者返还集体、第三人。

## 第四章 合同的履行

**第六十条** 当事人应当按照约定全面履行自己的义务。

当事人应当遵循诚实信用原则,根据合同的性质、目的和交易习惯

履行通知、协助、保密等义务。

**第六十一条** 合同生效后,当事人就质量、价款或者报酬、履行地点等内容没有约定或者约定不明确的,可以协议补充;不能达成补充协议的,按照合同有关条款或者交易习惯确定。

**第六十二条** 当事人就有关合同内容约定不明确,依照本法第六十一条的规定仍不能确定的,适用下列规定:

(一)质量要求不明确的,按照国家标准、行业标准履行;没有国家标准、行业标准的,按照通常标准或者符合合同目的的特定标准履行。

(二)价款或者报酬不明确的,按照订立合同时履行地的市场价格履行;依法应当执行政府定价或者政府指导价的,按照规定履行。

(三)履行地点不明确,给付货币的,在接受货币一方所在地履行;交付不动产的,在不动产所在地履行;其他标的,在履行义务一方所在地履行。

(四)履行期限不明确的,债务人可以随时履行,债权人也可以随时要求履行,但应当给对方必要的准备时间。

(五)履行方式不明确的,按照有利于实现合同目的的方式履行。

(六)履行费用的负担不明确的,由履行义务一方负担。

**第六十三条** 执行政府定价或者政府指导价的,在合同约定的交付期限内政府价格调整时,按照交付时的价格计价。逾期交付标的物的,遇价格上涨时,按照原价格执行;价格下降时,按照新价格执行。逾期提取标的物或者逾期付款的,遇价格上涨时,照新价格执行;价格下降时,按照原价格执行。

**第六十四条** 当事人约定由债务人向第三人履行债务的,债务人未向第三人履行债务或者履行债务不符合约定，应当向债权人承担违约责任。

**第六十五条** 当事人约定由第三人向债权人履行债务的，第三人不履行债务或者履行债务不符合约定，债务人应当向债权人承担违约责任。

**第六十六条** 当事人互负债务，没有先后履行顺序的，应当同时履行。一方在对方履行之前有权拒绝其履行要求。一方在对方履行债务不符合约定时，有权拒绝其相应的履行要求。

**第六十七条** 当事人互负债务，有先后履行顺序，先履行一方未履行的，后履行一方有权拒绝其履行要求。先履行一方履行债务不符合约定的，后履行一方有权拒绝其相应的履行要求。

**第六十八条** 应当先履行债务的当事人，有确切证据证明对方有下列情形之一的，可以中止履行：

（一）经营状况严重恶化；

（二）转移财产、抽逃资金，以逃避债务；

（三）丧失商业信誉；

（四）有丧失或者可能丧失履行债务能力的其他情形。

当事人没有确切证据中止履行的，应当承担违约责任。

**第六十九条** 当事人依照本法第六十八条的规定中止履行的，应当及时通知对方。

对方提供适当担保时，应当恢复履行。中止履行后，对方在合理期限内未恢复履行能力并且未提供适当担保的，中止履行的一方可以解除合同。

**第七十条** 债权人分立、合并或者变更住所没有通知债务人,致使履行债务发生困难的,债务人可以中止履行或者将标的物提存。

**第七十一条** 债权人可以拒绝债务人提前履行债务,但提前履行不损害债权人利益的除外。

债务人提前履行债务给债权人增加的费用,由债务人负担。

**第七十二条** 债权人可以拒绝债务人部分履行债务,但部分履行不损害债权人利益的除外。

债务人部分履行债务给债权人增加的费用,由债务人负担。

**第七十三条** 因债务人怠于行使其到期债权,对债权人造成损害的,债权人可以向人民法院请求以自己的名义代位行使债务人的债权,但该债权专属于债务人自身的除外。

代位权的行使范围以债权人的债权为限。债权人行使代位权的必要费用,由债务人负担。

**第七十四条** 因债务人放弃其到期债权或者无偿转让财产,对债权人造成损害的,债权人可以请求人民法院撤销债务人的行为。债务人以明显不合理的低价转让财产,对债权人造成损害,并且受让人知道该情形的,债权人也可以请求人民法院撤销债务人的行为。

撤销权的行使范围以债权人的债权为限。债权人行使撤销权的必要费用,由债务人负担。

**第七十五条** 撤销权自债权人知道或者应当知道撤销事由之日起一年内行使。自债务人的行为发生之日起五年内没有行使撤销权的,该撤销权消灭。

**第七十六条** 合同生效后,当事人不得因姓名、名称的变更或者法定代表人、负责人、承办人的变动而不履行合同义务。

......

## 第七章 违约责任

**第一百零七条** 当事人一方不履行合同义务或者履行合同义务不符合约定的,应当承担继续履行、采取补救措施或者赔偿损失等违约责任。

**第一百零八条** 当事人一方明确表示或者以自己的行为表明不履行合同义务的,对方可以在履行期限届满之前要求其承担违约责任。

**第一百零九条** 当事人一方未支付价款或者报酬的,对方可以要求其支付价款或者报酬。

**第一百一十条** 当事人一方不履行非金钱债务或者履行非金钱债务不符合约定的,对方可以要求履行,但有下列情形之一的除外:

(一)法律上或者事实上不能履行;

(二)债务的标的不适于强制履行或者履行费用过高;

(三)债权人在合理期限内未要求履行。

**第一百一十一条** 质量不符合约定的,应当按照当事人的约定承担违约责任。对违约责任没有约定或者约定不明确,依照本法第六十一条的规定仍不能确定的,受损害方根据标的的性质以及损失的大小,可以合理选择要求对方承担修理、更换、重作、退货、减少价款或者报酬等违约责任。

**第一百一十二条** 当事人一方不履行合同义务或者履行合同义务不符合约定的,在履行义务或者采取补救措施后,对方还有其他损失的,应当赔偿损失。

**第一百一十三条** 当事人一方不履行合同义务或者履行合同义务不符合约定,给对方造成损失的,损失赔偿额应当相当于因违约所造成的损失,包括合同履行后可以获得的利益,但不得超过违反合同一方订立合同时预见到或者应当预见到的因违反合同可能造成的损失。

经营者对消费者提供商品或者服务有欺诈行为的,依照《中华人民共和国消费者权益保护法》的规定承担损害赔偿责任。

**第一百一十四条** 当事人可以约定一方违约时应当根据违约情况向对方支付一定数额的违约金,也可以约定因违约产生的损失赔偿额的计算方法。

约定的违约金低于造成的损失的,当事人可以请求人民法院或者仲裁机构予以增加;约定的违约金过分高于造成的损失的,当事人可以请求人民法院或者仲裁机构予以适当减少。

当事人就迟延履行约定违约金的,违约方支付违约金后,还应当履行债务。

**第一百一十五条** 当事人可以依照《中华人民共和国担保法》约定一方向对方给付定金作为债权的担保。债务人履行债务后,定金应当抵作价款或者收回。给付定金的一方不履行约定的债务的,无权要求返还定金;收受定金的一方不履行约定的债务的,应当双倍返还定金。

**第一百一十六条** 当事人既约定违约金,又约定定金的,一方违约时,对方可以选择适用违约金或者定金条款。

**第一百一十七条** 因不可抗力不能履行合同的,根据不可抗力的影响,部分或者全部免除责任,但法律另有规定的除外。当事人迟延履行后发生不可抗力的,不能免除责任。

本法所称不可抗力,是指不能预见、不能避免并不能克服的客观情况。

**第一百一十八条** 当事人一方因不可抗力不能履行合同的,应当及时通知对方,以减轻可能给对方造成的损失,并应当在合理期限内提供证明。

**第一百一十九条** 当事人一方违约后,对方应当采取适当措施防止损失的扩大;没有采取适当措施致使损失扩大的,不得就扩大的损失要求赔偿。

当事人因防止损失扩大而支出的合理费用,由违约方承担。

**第一百二十条** 当事人双方都违反合同的,应当各自承担相应的责任。第一百二十一条当事人一方因第三人的原因造成违约的,应当向对方承担违约责任。当事人一方和第三人之间的纠纷,依照法律规定或者按照约定解决。

**第一百二十二条** 因当事人一方的违约行为,侵害对方人身、财产权益的,受损害方有权选择依照本法要求其承担违约责任或者依照其他法律要求其承担侵权责任。

……

## 第九章　买卖合同

**第一百三十条** 买卖合同是出卖人转移标的物的所有权于买受人,买受人支付价款的合同。

**第一百三十一条** 买卖合同的内容除依照本法第十二条的规定以

外,还可以包括包装方式、检验标准和方法、结算方式、合同使用的文字及其效力等条款。

**第一百三十二条** 出卖的标的物,应当属于出卖人所有或者出卖人有权处分。

法律、行政法规禁止或者限制转让的标的物,依照其规定。

**第一百三十三条** 标的物的所有权自标的物交付时起转移,但法律另有规定或者当事人另有约定的除外。

**第一百三十四条** 当事人可以在买卖合同中约定买受人未履行支付价款或者其他义务的,标的物的所有权属于出卖人。

**第一百三十五条** 出卖人应当履行向买受人交付标的物或者交付提取标的物的单证,并转移标的物所有权的义务。

**第一百三十六条** 出卖人应当按照约定或者交易习惯向买受人交付提取标的物单证以外的有关单证和资料。

**第一百三十七条** 出卖具有知识产权的计算机软件等标的物的,除法律另有规定或者当事人另有约定的以外,该标的物的知识产权不属于买受人。

**第一百三十八条** 出卖人应当按照约定的期限交付标的物。约定交付期间的,出卖人可以在该交付期间内的任何时间交付。

**第一百三十九条** 当事人没有约定标的物的交付期限或者约定不明确的,适用本法第六十一条、第六十二条第四项的规定。

**第一百四十条** 标的物在订立合同之前已为买受人占有的,合同生效的时间为交付时间。

**第一百四十一条** 出卖人应当按照约定的地点交付标的物。

当事人没有约定交付地点或者约定不明确,依照本法第六十一条的规定仍不能确定的,适用下列规定:

(一)标的物需要运输的,出卖人应当将标的物交付给第一承运人以运交给买受人;

(二)标的物不需要运输,出卖人和买受人订立合同时知道标的物在某一地点的,出卖人应当在该地点交付标的物;不知道标的物在某一地点的,应当在出卖人订立合同时的营业地交付标的物。

**第一百四十二条** 标的物毁损、灭失的风险,在标的物交付之前由出卖人承担,交付之后由买受人承担,但法律另有规定或者当事人另有约定的除外。

**第一百四十三条** 因买受人的原因致使标的物不能按照约定的期限交付的,买受人应当自违反约定之日起承担标的物毁损、灭失的风险。

**第一百四十四条** 出卖人出卖交由承运人运输的在途标的物,除当事人另有约定的以外,毁损、灭失的风险自合同成立时起由买受人承担。

**第一百四十五条** 当事人没有约定交付地点或者约定不明确,依照本法第一百四十一条第二款第一项的规定标的物需要运输的,出卖人将标的物交付给第一承运人后,标的物毁损、灭失的风险由买受人承担。

**第一百四十六条** 出卖人按照约定或者依照本法第一百四十一条第二款第二项的规定将标的物置于交付地点,买受人违反约定没有收取的,标的物毁损、灭失的风险自违反约定之日起由买受人承担。

**第一百四十七条** 出卖人按照约定未交付有关标的物的单证和资料的,不影响标的物毁损、灭失风险的转移。

**第一百四十八条** 因标的物质量不符合质量要求,致使不能实现合同目的的,买受人可以拒绝接受标的物或者解除合同。买受人拒绝接受标的物或者解除合同的,标的物毁损、灭失的风险由出卖人承担。

**第一百四十九条** 标的物毁损、灭失的风险由买受人承担的,不影响因出卖人履行债务不符合约定,买受人要求其承担违约责任的权利。

**第一百五十条** 出卖人就交付的标的物,负有保证第三人不得向买受人主张任何权利的义务,但法律另有规定的除外。

**第一百五十一条** 买受人订立合同时知道或者应当知道第三人对买卖的标的物享有权利的,出卖人不承担本法第一百五十条规定的义务。

**第一百五十二条** 买受人有确切证据证明第三人可能就标的物主张权利的,可以中止支付相应的价款,但出卖人提供适当担保的除外。

**第一百五十三条** 出卖人应当按照约定的质量要求交付标的物。出卖人提供有关标的物质量说明的,交付的标的物应当符合该说明的质量要求。

**第一百五十四条** 当事人对标的物的质量要求没有约定或者约定不明确,依照本法第六十一条的规定仍不能确定的,适用本法第六十二条第一项的规定。

**第一百五十五条** 出卖人交付的标的物不符合质量要求的,买受人可以依照本法第一百一十一条的规定要求承担违约责任。

**第一百五十六条** 出卖人应当按照约定的包装方式交付标的物。对包装方式没有约定或者约定不明确,依照本法第六十一条的规定仍不能确定的,应当按照通用的方式包装,没有通用方式的,应当采取足以保护标的物的包装方式。

**第一百五十七条** 买受人收到标的物时应当在约定的检验期间内检验。没有约定检验期间的,应当及时检验。

**第一百五十八条** 当事人约定检验期间的,买受人应当在检验期间内将标的物的数量或者质量不符合约定的情形通知出卖人。买受人怠于通知的,视为标的物的数量或者质量符合约定。

当事人没有约定检验期间的,买受人应当在发现或者应当发现标的物的数量或者质量不符合约定的合理期间内通知出卖人。买受人在合理期间内未通知或者自标的物收到之日起两年内未通知出卖人的,视为标的物的数量或者质量符合约定,但对标的物有质量保证期的,适用质量保证期,不适用该两年的规定。

出卖人知道或者应当知道提供的标的物不符合约定的,买受人不受前两款规定的通知时间的限制。

**第一百五十九条** 买受人应当按照约定的数额支付价款。对价款没有约定或者约定不明确的,适用本法第六十一条、第六十二条第二项的规定。

**第一百六十条** 买受人应当按照约定的地点支付价款。对支付地点没有约定或者约定不明确,依照本法第六十一条的规定仍不能确定的,买受人应当在出卖人的营业地支付,但约定支付价款以交付标的物或者交付提取标的物单证为条件的,在交付标的物或者交付提取标的物单证的所在地支付。

**第一百六十一条** 买受人应当按照约定的时间支付价款。对支付时间没有约定或者约定不明确，依照本法第六十一条的规定仍不能确定的，买受人应当在收到标的物或者提取标的物单证的同时支付。

**第一百六十二条** 出卖人多交标的物的，买受人可以接收或者拒绝接收多交的部分。买受人接收多交部分的，按照合同的价格支付价款；买受人拒绝接收多交部分的，应当及时通知出卖人。

**第一百六十三条** 标的物在交付之前产生的孳息，归出卖人所有，交付之后产生的孳息，归买受人所有。

**第一百六十四条** 因标的物的主物不符合约定而解除合同的，解除合同的效力及于从物。因标的物的从物不符合约定被解除的，解除的效力不及于主物。

**第一百六十五条** 标的物为数物，其中一物不符合约定的，买受人可以就该物解除，但该物与他物分离使标的物的价值显受损害的，当事人可以就数物解除合同。

**第一百六十六条** 出卖人分批交付标的物的，出卖人对其中一批标的物不交付或者交付不符合约定，致使该批标的物不能实现合同目的的，买受人可以就该批标的物解除。

出卖人不交付其中一批标的物或者交付不符合约定，致使今后其他各批标的物的交付不能实现合同目的的，买受人可以就该批以及今后其他各批标的物解除。

买受人如果就其中一批标的物解除，该批标的物与其他各批标的物相互依存的，可以就已经交付和未交付的各批标的物解除。

**第一百六十七条** 分期付款的买受人未支付到期价款的金额达到

全部价款的五分之一的，出卖人可以要求买受人支付全部价款或者解除合同。出卖人解除合同的，可以向买受人要求支付该标的物的使用费。

**第一百六十八条** 凭样品买卖的当事人应当封存样品，并可以对样品质量予以说明。出卖人交付的标的物应当与样品及其说明的质量相同。

**第一百六十九条** 凭样品买卖的买受人不知道样品有隐蔽瑕疵的，即使交付的标的物与样品相同，出卖人交付的标的物的质量仍然应当符合同种物的通常标准。

**第一百七十条** 试用买卖的当事人可以约定标的物的试用期间。对试用期间没有约定或者约定不明确，依照本法第六十一条的规定仍不能确定的，由出卖人确定。

**第一百七十一条** 试用买卖的买受人在试用期内可以购买标的物，也可以拒绝购买。试用期间届满，买受人对是否购买标的物未作表示的，视为购买。

**第一百七十二条** 招标投标买卖的当事人的权利和义务以及招标投标程序等，依照有关法律、行政法规的规定。

**第一百七十三条** 拍卖的当事人的权利和义务以及拍卖程序等，依照有关法律、行政法规的规定。

**第一百七十四条** 法律对其他有偿合同有规定的，依照其规定；没有规定的，参照买卖合同的有关规定。

**第一百七十五条** 当事人约定易货交易，转移标的物的所有权的，参照买卖合同的有关规定。

附录二：

# 最高人民法院关于审理买卖合同纠纷案件
# 适用法律问题的解释

为正确审理买卖合同纠纷案件,根据《中华人民共和国民法通则》、《中华人民共和国合同法》、《中华人民共和国物权法》、《中华人民共和国民事诉讼法》等法律的规定,结合审判实践,制定本解释。

### 一、买卖合同的成立及效力

**第一条** 当事人之间没有书面合同,一方以送货单、收货单、结算单、发票等主张存在买卖合同关系的,人民法院应当结合当事人之间的交易方式、交易习惯以及其他相关证据,对买卖合同是否成立作出认定。

对账确认函、债权确认书等函件、凭证没有记载债权人名称,买卖合同当事人一方以此证明存在买卖合同关系的,人民法院应予支持,但有相反证据足以推翻的除外。

**第二条** 当事人签订认购书、订购书、预订书、意向书、备忘录等预约合同,约定在将来一定期限内订立买卖合同,一方不履行订立买卖合同的义务,对方请求其承担预约合同违约责任或者要求解除预约合同并主张损害赔偿的,人民法院应予支持。

**第三条** 当事人一方以出卖人在缔约时对标的物没有所有权或者

处分权为由主张合同无效的,人民法院不予支持。

出卖人因未取得所有权或者处分权致使标的物所有权不能转移,买受人要求出卖人承担违约责任或者要求解除合同并主张损害赔偿的,人民法院应予支持。

**第四条** 人民法院在按照合同法的规定认定电子交易合同的成立及效力的同时,还应当适用电子签名法的相关规定。

## 二、标的物交付和所有权转移

**第五条** 标的物为无需以有形载体交付的电子信息产品,当事人对交付方式约定不明确,且依照合同法第六十一条的规定仍不能确定的,买受人收到约定的电子信息产品或者权利凭证即为交付。

**第六条** 根据合同法第一百六十二条的规定,买受人拒绝接收多交部分标的物的,可以代为保管多交部分标的物。买受人主张出卖人负担代为保管期间的合理费用的,人民法院应予支持。

买受人主张出卖人承担代为保管期间非因买受人故意或者重大过失造成的损失的,人民法院应予支持。

**第七条** 合同法第一百三十六条规定的"提取标的物单证以外的有关单证和资料",主要应当包括保险单、保修单、普通发票、增值税专用发票、产品合格证、质量保证书、质量鉴定书、品质检验证书、产品进出口检疫书、原产地证明书、使用说明书、装箱单等。

**第八条** 出卖人仅以增值税专用发票及税款抵扣资料证明其已履行交付标的物义务,买受人不认可的,出卖人应当提供其他证据证明交付标的物的事实。

合同约定或者当事人之间习惯以普通发票作为付款凭证,买受人以普通发票证明已经履行付款义务的,人民法院应予支持,但有相反证据足以推翻的除外。

第九条 出卖人就同一普通动产订立多重买卖合同,在买卖合同均有效的情况下,买受人均要求实际履行合同的,应当按照以下情形分别处理:

(一)先行受领交付的买受人请求确认所有权已经转移的,人民法院应予支持;

(二)均未受领交付,先行支付价款的买受人请求出卖人履行交付标的物等合同义务的,人民法院应予支持;

(三)均未受领交付,也未支付价款,依法成立在先合同的买受人请求出卖人履行交付标的物等合同义务的,人民法院应予支持。

第十条 出卖人就同一船舶、航空器、机动车等特殊动产订立多重买卖合同,在买卖合同均有效的情况下,买受人均要求实际履行合同的,应当按照以下情形分别处理:

(一)先行受领交付的买受人请求出卖人履行办理所有权转移登记手续等合同义务的,人民法院应予支持;

(二)均未受领交付,先行办理所有权转移登记手续的买受人请求出卖人履行交付标的物等合同义务的,人民法院应予支持;

(三)均未受领交付,也未办理所有权转移登记手续,依法成立在先合同的买受人请求出卖人履行交付标的物和办理所有权转移登记手续等合同义务的,人民法院应予支持;

(四)出卖人将标的物交付给买受人之一,又为其他买受人办理所有权转移登记,已受领交付的买受人请求将标的物所有权登记在自己名下的,人民法院应予支持。

### 三、标的物风险负担

**第十一条** 合同法第一百四十一条第二款第(一)项规定的"标的物需要运输的",是指标的物由出卖人负责办理托运,承运人系独立于买卖合同当事人之外的运输业者的情形。标的物毁损、灭失的风险负担,按照合同法第一百四十五条的规定处理。

**第十二条** 出卖人根据合同约定将标的物运送至买受人指定地点并交付给承运人后,标的物毁损、灭失的风险由买受人负担,但当事人另有约定的除外。

**第十三条** 出卖人出卖交由承运人运输的在途标的物,在合同成立时知道或者应当知道标的物已经毁损、灭失却未告知买受人,买受人主张出卖人负担标的物毁损、灭失的风险的,人民法院应予支持。

**第十四条** 当事人对风险负担没有约定,标的物为种类物,出卖人未以装运单据、加盖标记、通知买受人等可识别的方式清楚地将标的物特定于买卖合同,买受人主张不负担标的物毁损、灭失的风险的,人民法院应予支持。

### 四、标的物检验

**第十五条** 当事人对标的物的检验期间未作约定,买受人签收的送货单、确认单等载明标的物数量、型号、规格的,人民法院应当根据合同法第一百五十七条的规定,认定买受人已对数量和外观瑕疵进行了检验,但有相反证据足以推翻的除外。

**第十六条** 出卖人依照买受人的指示向第三人交付标的物,出卖人和买受人之间约定的检验标准与买受人和第三人之间约定的检验标准不一致的,人民法院应当根据合同法第六十四条的规定,以出卖人和买受人之间约定的检验标准为标的物的检验标准。

**第十七条** 人民法院具体认定合同法第一百五十八条第二款规定的"合理期间"时,应当综合当事人之间的交易性质、交易目的、交易方式、交易习惯、标的物的种类、数量、性质、安装和使用情况、瑕疵的性质、买受人应尽的合理注意义务、检验方法和难易程度、买受人或者检验人所处的具体环境、自身技能以及其他合理因素,依据诚实信用原则进行判断。

合同法第一百五十八条第二款规定的"两年"是最长的合理期间。该期间为不变期间,不适用诉讼时效中止、中断或者延长的规定。

**第十八条** 约定的检验期间过短,依照标的物的性质和交易习惯,买受人在检验期间内难以完成全面检验的,人民法院应当认定该期间为买受人对外观瑕疵提出异议的期间,并根据本解释第十七条第一款的规定确定买受人对隐蔽瑕疵提出异议的合理期间。

约定的检验期间或者质量保证期间短于法律、行政法规规定的检验期间或者质量保证期间的,人民法院应当以法律、行政法规规定的检验期间或者质量保证期间为准。

**第十九条** 买受人在合理期间内提出异议,出卖人以买受人已经支付价款、确认欠款数额、使用标的物等为由,主张买受人放弃异议的,人民法院不予支持,但当事人另有约定的除外。

**第二十条** 合同法第一百五十八条规定的检验期间、合理期间、两年期间经过后,买受人主张标的物的数量或者质量不符合约定的,人民法院不予支持。

出卖人自愿承担违约责任后,又以上述期间经过为由翻悔的,人民法院不予支持。

## 五、违约责任

**第二十一条** 买受人依约保留部分价款作为质量保证金，出卖人在质量保证期间未及时解决质量问题而影响标的物的价值或者使用效果，出卖人主张支付该部分价款的，人民法院不予支持。

**第二十二条** 买受人在检验期间、质量保证期间、合理期间内提出质量异议，出卖人未按要求予以修理或者因情况紧急，买受人自行或者通过第三人修理标的物后，主张出卖人负担因此发生的合理费用的，人民法院应予支持。

**第二十三条** 标的物质量不符合约定，买受人依照合同法第一百一十一条的规定要求减少价款的，人民法院应予支持。当事人主张以符合约定的标的物和实际交付的标的物按交付时的市场价值计算差价的，人民法院应予支持。

价款已经支付，买受人主张返还减价后多出部分价款的，人民法院应予支持。

**第二十四条** 买卖合同对付款期限作出的变更，不影响当事人关于逾期付款违约金的约定，但该违约金的起算点应当随之变更。

买卖合同约定逾期付款违约金，买受人以出卖人接受价款时未主张逾期付款违约金为由拒绝支付该违约金的，人民法院不予支持。

买卖合同约定逾期付款违约金，但对账单、还款协议等未涉及逾期付款责任，出卖人根据对账单、还款协议等主张欠款时请求买受人依约支付逾期付款违约金的，人民法院应予支持，但对账单、还款协议等明确载有本金及逾期付款利息数额或者已经变更买卖合同中关于本金、利息等约定内容的除外。

买卖合同没有约定逾期付款违约金或者该违约金的计算方法,出卖人以买受人违约为由主张赔偿逾期付款损失的,人民法院可以中国人民银行同期同类人民币贷款基准利率为基础,参照逾期罚息利率标准计算。

**第二十五条** 出卖人没有履行或者不当履行从给付义务,致使买受人不能实现合同目的,买受人主张解除合同的,人民法院应当根据合同法第九十四条第(四)项的规定,予以支持。

**第二十六条** 买卖合同因违约而解除后,守约方主张继续适用违约金条款的,人民法院应予支持;但约定的违约金过分高于造成的损失的,人民法院可以参照合同法第一百一十四条第二款的规定处理。

**第二十七条** 买卖合同当事人一方以对方违约为由主张支付违约金,对方以合同不成立、合同未生效、合同无效或者不构成违约等为由进行免责抗辩而未主张调整过高的违约金的,人民法院应当就法院若不支持免责抗辩,当事人是否需要主张调整违约金进行释明。

一审法院认为免责抗辩成立且未予释明,二审法院认为应当判决支付违约金的,可以直接释明并改判。

**第二十八条** 买卖合同约定的定金不足以弥补一方违约造成的损失,对方请求赔偿超过定金部分的损失的,人民法院可以并处,但定金和损失赔偿的数额总和不应高于因违约造成的损失。

**第二十九条** 买卖合同当事人一方违约造成对方损失,对方主张赔偿可得利益损失的,人民法院应当根据当事人的主张,依据合同法第一百一十三条、第一百一十九条、本解释第三十条、第三十一条等规定进行认定。

第三十条　买卖合同当事人一方违约造成对方损失，对方对损失的发生也有过错，违约方主张扣减相应的损失赔偿额的，人民法院应予支持。

第三十一条　买卖合同当事人一方因对方违约而获有利益，违约方主张从损失赔偿额中扣除该部分利益的，人民法院应予支持。

第三十二条　合同约定减轻或者免除出卖人对标的物的瑕疵担保责任，但出卖人故意或者因重大过失不告知买受人标的物的瑕疵，出卖人主张依约减轻或者免除瑕疵担保责任的，人民法院不予支持。

第三十三条　买受人在缔约时知道或者应当知道标的物质量存在瑕疵，主张出卖人承担瑕疵担保责任的，人民法院不予支持，但买受人在缔约时不知道该瑕疵会导致标的物的基本效用显著降低的除外。

## 六、所有权保留

第三十四条　买卖合同当事人主张合同法第一百三十四条关于标的物所有权保留的规定适用于不动产的，人民法院不予支持。

第三十五条　当事人约定所有权保留，在标的物所有权转移前，买受人有下列情形之一，对出卖人造成损害，出卖人主张取回标的物的，人民法院应予支持：

（一）未按约定支付价款的；

（二）未按约定完成特定条件的；

（三）将标的物出卖、出质或者作出其他不当处分的。

取回的标的物价值显著减少，出卖人要求买受人赔偿损失的，人民法院应予支持。

第三十六条　买受人已经支付标的物总价款的百分之七十五以

上,出卖人主张取回标的物的,人民法院不予支持。

在本解释第三十五条第一款第(三)项情形下,第三人依据物权法第一百零六条的规定已经善意取得标的物所有权或者其他物权,出卖人主张取回标的物的,人民法院不予支持。

**第三十七条** 出卖人取回标的物后,买受人在双方约定的或者出卖人指定的回赎期间内,消除出卖人取回标的物的事由,主张回赎标的物的,人民法院应予支持。

买受人在回赎期间内没有回赎标的物的,出卖人可以另行出卖标的物。

出卖人另行出卖标的物的,出卖所得价款依次扣除取回和保管费用、再交易费用、利息、未清偿的价金后仍有剩余的,应返还原买受人;如有不足,出卖人要求原买受人清偿的,人民法院应予支持,但原买受人有证据证明出卖人另行出卖的价格明显低于市场价格的除外。

### 七、特种买卖

**第三十八条** 合同法第一百六十七条第一款规定的"分期付款",系指买受人将应付的总价款在一定期间内至少分三次向出卖人支付。

分期付款买卖合同的约定违反合同法第一百六十七条第一款的规定,损害买受人利益,买受人主张该约定无效的,人民法院应予支持。

**第三十九条** 分期付款买卖合同约定出卖人在解除合同时可以扣留已受领价金,出卖人扣留的金额超过标的物使用费以及标的物受损赔偿额,买受人请求返还超过部分的,人民法院应予支持。

当事人对标的物的使用费没有约定的,人民法院可以参照当地同类标的物的租金标准确定。

**第四十条** 合同约定的样品质量与文字说明不一致且发生纠纷时当事人不能达成合意,样品封存后外观和内在品质没有发生变化的,人民法院应当以样品为准;外观和内在品质发生变化,或者当事人对是否发生变化有争议而又无法查明的,人民法院应当以文字说明为准。

**第四十一条** 试用买卖的买受人在试用期内已经支付一部分价款的,人民法院应当认定买受人同意购买,但合同另有约定的除外。

在试用期内,买受人对标的物实施了出卖、出租、设定担保物权等非试用行为的,人民法院应当认定买受人同意购买。

**第四十二条** 买卖合同存在下列约定内容之一的,不属于试用买卖。买受人主张属于试用买卖的,人民法院不予支持:

(一)约定标的物经过试用或者检验符合一定要求时,买受人应当购买标的物;

(二)约定第三人经试验对标的物认可时,买受人应当购买标的物;

(三)约定买受人在一定期间内可以调换标的物;

(四)约定买受人在一定期间内可以退还标的物。

**第四十三条** 试用买卖的当事人没有约定使用费或者约定不明确,出卖人主张买受人支付使用费的,人民法院不予支持。

## 八、其他问题

**第四十四条** 出卖人履行交付义务后诉请买受人支付价款,买受人以出卖人违约在先为由提出异议的,人民法院应当按照下列情况分别处理:

(一)买受人拒绝支付违约金、拒绝赔偿损失或者主张出卖人应当采取减少价款等补救措施的,属于提出抗辩;

（二）买受人主张出卖人应支付违约金、赔偿损失或者要求解除合同的，应当提起反诉。

**第四十五条**　法律或者行政法规对债权转让、股权转让等权利转让合同有规定的，依照其规定；没有规定的，人民法院可以根据合同法第一百二十四条和第一百七十四条的规定，参照适用买卖合同的有关规定。

权利转让或者其他有偿合同参照适用买卖合同的有关规定的，人民法院应当首先引用合同法第一百七十四条的规定，再引用买卖合同的有关规定。

**第四十六条**　本解释施行前本院发布的有关购销合同、销售合同等有偿转移标的物所有权的合同的规定，与本解释抵触的，自本解释施行之日起不再适用。

本解释施行后尚未终审的买卖合同纠纷案件，适用本解释；本解释施行前已经终审，当事人申请再审或者按照审判监督程序决定再审的，不适用本解释。